세계기록유산
100% 활용하기

해외 · 세계대전 편

기록관리의
최종 목적은
활용이다

세계기록유산
100% 활용하기

해외 · 세계대전 편

─ 홍덕용 지음 ─

좋은땅

나는 역사전문가가 아니다. 민주주의, 자본주의와 정보가 넘치는 시대에 사는 두 아이의 아빠로 살다 보니 '어떻게?' '무엇이?' '왜?'라는 문제의식을 가지는 경우가 많아졌다.

인생은 무엇인가? 역사란 무엇인가? 정의란 무엇인가? 경제란 무엇인가? 등등.

어릴 땐 눈에 보이는 것만을 보고 판단했었다. 남들도 그러려니 생각하고 사치나 허영, 장식이나 치장 같은 것을 중요하게 생각했었다. 그래서 억지로 꾸미고, 덧칠하고, 뜯어고치고, 붙이고, 걸치고, 잘난 체하고, 있는 척하며 살았다.

하지만 살다 보면 부딪치는 벽이 생기게 되고 눈에 보이지 않는 가치가 중요해지는 시기가 오기 마련이더라.

평소에 대수롭지 않게 생각했던 것들이 갑자기 중요해지고 반대로 평소 중요하게 생각했던 것들이 갑자기 대수롭지 않게 여겨진다는 것이다. 그러니깐 겪어 보니 눈에 보이지 않는 것들을 볼 줄 알아야 '지혜롭다' 할 수 있다.

인간의 내면은 종교를 통해 신을 믿거나 사회화를 거치면서 변하게 된다. 역시 내가 전공하고 밥벌이를 하고 있는 '기록물관리'의 대상을 생각해 볼 때 기록을 생산해 내는 기술은 지난 3천 년간 지속적으로 변하고 있다. 하지만 변하지 않는 것이 있는데, 바로 인간이 도구를 활용하여 기록하고자 하는 특성이다. 그러다 보니 '기억'으로 포착된 인간들이 생산해 내는 '기록'에서 변하지 않는 것을 찾을 수 있었는데, 그것이 '눈에는 보이지 않는 가치'이다.

당장 시험 점수나 급수가 필요해 남이 제공해 주는 정보로 공부를 한다면 받아들이는 입장에서 새로운 철학이나 지혜로운 안목이 생길까?

기록관, 박물관, 도서관에서만 한구석에 먼지가 수북이 쌓인, 그러니깐 아무도 찾지 않는 기록들은 보관의 이유만으로 과연 가치가 있을까?

과거의 기억을 찾기 위해 기록된 것들을 직접 검색할 수 있다면 어떤 느낌일까?

이러한 '눈에는 보이지 않는 가치'를 실생활에 터득할 수 있다면 얼마나 좋을까?

"역사란 과거와 현재의 부단한 대화"라고 한다. 이는 과거를 통해 오늘의 지혜를 얻는 것을 일컫는 말인데, 일단 기록을 활용할 수 있어야 가능하다.

역사적으로 인간은 문자가 없던 선사시대에도 자신의 경험과 활동을 소통하고자 하였고 왕이나 군인들은 업적 등을 후대에 알리기 위한 목적을 가지고 기록을 남겼다.

또한 각 개인의 활동을 통한 기억은 개인적으로 기록되지만 그것이 어떤 목적으로 상호 간에 공유되면 사회적으로 확대되어 집단기억을 형성하고 나아가 국가의 정체성에도 영향을 끼치게 된다.

특히 특별한 환경이나 상황에서 만들어진 개인의 기억이 한 집단과 공동체 안에서 공통된 의미를 가지게 된다면 이는 국가의 역사로 남는 중요한 기록으로 발전할 수 있다.

유네스코는 세계적으로 귀중한 기록물을 보존·활용하기 위해 선정하는 문화유산을 '세계기록유산(Memory of the world)'으로 지정하여 관리하고 있다. 유네스코에서 단순히 오래되고 희귀한 기록물을 보존하는 것이 아니라 인류의 지식과 정보를 보존하고 확산시키는 데 있다는 점은 세계기록유산의 다양성에서 확인할 수 있다.

유네스코 세계기록유산은 2017년 기준으로 전 세계적으로 124개국 및 8개 기구, 총 432건에 이르고 있다. 모든 기록유산의 내용을 살펴볼 수는 없지만 특색 있고 많은 사람들이 기억하고 있는 기록유산들을 직접 검색해 보고 활용해 본다면, 철학적인 생각의 힘을 기를 수 있을 것이고 역사 실력이 향상되는 효과가 있을 것이라고 믿는다.

역사전문가는 아니지만 기록유산을 직접 검색, 활용하여 새로운 가치를 찾아내는 전문가로 독자들의 안목을 높이고자 그 실천을 하려고 한다.

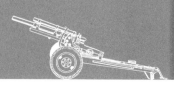

기록이란
무엇인가?

기억한다는 것

~~~~~~~~~

어렸을 때 학교에서 친구들과 축구를 하다가 상대방 태클에 의해 다리를 크게 다쳤었다.

운동장에서 병원으로 가는 길에 부모님께 전화를 하고 나서는 수술실로 들어가 마취를 하였다.

그 사건의 기억은 자라면서 가족이나 친구들에게 자주 듣게 되는 이야기이다 보니 윤색되거나 강화되었다. 당시 사고를 기억한다고 생각하지만 기억하기에는 골절이 심해 정신이 없었고 자라면서 반복적으로 가족들이 그 사건을 이야기해 준 덕에 알고 있을 것이다.

사실 내가 기억하는 것은 애가 타게 병원에서 나의 수술을 기다리던 가족이나 친구들의 기억이다. 기억하는 게 아니라 사실을 알게 된 것인데 마치 자신이 기억하는 것처럼 느끼는 것이다.

축구를 하다가 다쳤던 당시를 기억

과거 불구가 될 뻔한 사건은 그 후 가족들에게 생긴 다른 사건이나 상황에 비추어 재해석되고 이야기로 재구성되어 가족들이 공유하는 기억이 되었을 것이다.

즉, 기억은 인간의 행위가 있던 시점으로부터 시간이 지남에 따라 쉽게 잊힐 뿐 아니라 부정확하고 주관적이고 편향적인 문제를 가지고 있다. 과거의 경험이 고정된 형태로 그대로 전달되는 것이 아니라 현재의 시점에서 재구성되는 것이라 할 수 있다.

이러한 이유로 인간의 기억은 영속적으로 미래에 전승되기 어렵다.

기록한다는 것

~~~~~~~

인간의 행위에 따른 기억을 순간적으로 포착하기 위해 기록한다.

기억은 수증기처럼 증발되기 때문에 문자화나 이미지화하지 않으면 개인과 타인들에게 공유하기 어렵다. 그렇기 때문에 인간은 자신의 행위를 공유하고 싶어 기억을 순간적으로 포착한다.

하지만 인간은 모든 행위의 기억을 모두 기록으로 포착할 수 있는 능력이 없다. 그렇기 때문에 그중에 일부만을 공유가 필요할 시기에 순간적으로 포착할 대상으로 채택하여 기록한다.

기억이 기록의 형태를 통해 고유화되면 사회적 의미를 가지게 되고 이를 통해 인간은 타인과 공유를 위해 소통한다.

타인과의 소통은 음성 또는 시각 언어로 가능하지만, 소통의 시공간을 확대하기 위해서는 기록하는 것이 필수다. 즉, 기록은 행위자 사이에서 시공간을 초월하여 소통하는 '매개체'가 된다.

나의 생각을 매체에 기록하여 소통

이런 소통의 '매개체'는 기록을 객관적 사실 및 증거로 인식하는 경향이 나타나는 근대시기에 등장하여 실증주의를 기반으로 더욱 강화되었다.

인간의 기억을 영속화시키고 미래로 전승하는 도구 중 가장 일반적인 방식으로 문자화된 기록이 자리하게 되었다.

바로 이러한 이유로 실증주의에 뿌리를 둔 역사가들 사이에서는 '기록은 곧 기억'이라고 말한다.

기록으로서의 역사와 사실로서의 역사

어렸을 때 자의든 타의든 강요를 통해 일기를 써 본 기억이 있을 것이다. 하루를 마무리하고 쓰는 일기는 역사 기록의 아주 좋은 예가 된다.

아침에 눈을 뜨고부터 밤늦게 잠이 들기 전까지 모든 행위에 대한 것을 시간 순서대로 적는 것은 결코 좋은 일기의 구성이 아니다.

그날 일 중에서 특별한, 의미 있고 오랫동안 기억하고 싶은 것들을 위주로 자신의 생각을 적는 것이 좋은 일기의 구성이라고 할 수 있다.

생각해 보면 눈뜨고 행동했던 모든 것을 쭉 적고 싶어도 그것은 불가능하다.

그러니깐 몇 시에 일어나 기지개를 몇 번 폈는지, 화장실은 몇 번을 다녀

일기를 쓰고 있는 나

왔는지, 세수나 양치 중 어느 것을 먼저 할지, 무슨 옷을 입을지에 대한 행동과 고민에 대한 모든 행위를 일일이 적는 것은 힘들다.

자연스럽게 일기의 주제로 어떤 사건을 선택하고 선택받지 않은 사건을 배제시킨다. 일기를 작성하는 사람의 가치관, 주관성의 개입이 발생한다.

정리하자면, 과거의 사실은 과거에 작성된 기록을 통해서만 후대로 전해지는데, 과거에 작성된 기록 자체는 작성자의 주관이 반드시 포함된다는 말이다.

과거에 작성된 기록을 바탕으로 경험하지 못한 과거를 재구성해야 하는 현대인들은, 기록되어 있지 않은 내용들은 미래세대에게 영원히 전달할 수 없게 된다. 이미 기록을 생산하는 단계에서부터 생산자의 주관이 개입되어 있을 수밖에 없는 과거의 기록을 읽는 현대인들은 주관적일 수밖에 없다.

내가 아는 지식과 나를 둘러싼 이념과 환경이라는 주관의 안경을 쓴 상태에서 과거의 기록들을 읽어 나간다. 오늘날의 우리 역시 무수한 기록 중 어떤 부분을 선택하고 어떤 부분을 배제하며 주관의 기록에 자신의 주관을 더해 나간다.

예를 들어, 자유민주주의 이념을 가진 대한민국에서는 일제강점기 해방 전후로 한 사회주의 북한의 역사를 배우지 않는다. 물론 북한에서 역사왜곡이 상당히 많이 되었기 때문에 신뢰성과 이념의 문제가 있기도 하지만 그중에는 사실도 분명히 있을 것이다. 역사가들은 기록을 선택하여 우리에게 제공하고 우리는 선택된 지식을 배우게 된다.

그렇다면 있는 그대로의 과거 사실로서 역사라는 것은 과연 가능한 작업인가?

우리는 끊임없이 기록으로 소통한다

우리는 기억을 마주하기 위해 기록을 꺼내 보고 끊임없이 시공간을 초월하며 사람들과 소통한다. 객관적이건 주관적이건 역사학자들이 기준을 세워 기술하고 이를 가지고 우리는 역사를 배운다.

우리가 배우는 역사는 과거에 있었던 사실을 기록으로 만날 수밖에 없는 오늘날, 우리의 끊임없는 지속적인 상호작용이다.

과거의 기억과 사실을 담은 새로운 기록이 발견되면 역사는 다시 만들어진다.

우리가 사회와 상호작용을 할 수 있게 하는 기록의 방법 중 하나인 사진 기록은 특히 역사를 생생하게 전달해 준다. 근·현대사 공부를 할 때는 감정조절이 힘든데, 그건 아마 당시 사회와 시대상을 포착한 사진기록이 시공간을 초월하여 지금까지 잘 보존되어 우리와 소통할 수 있기 때문이다.

과거의 사람과 소통할 수 있는 기록

그중 전쟁에 대한 기록은 더욱 그렇다. 우리는 전쟁을 겪어 보지 못한 세대이고 전쟁의 처참함을 알 수 없지만 전쟁 당시 사진기록을 통해 당시 상황이 얼마나 참혹한지 알 수 있다.

특히, 나는 두 아이를 키우다 보니 다음 사진을 보면 만감이 교차한다. 이 사진은 학생들이 공부하는 교과서에도 실리고 매년 6월이 되면 TV나인터넷에 게시가 되는 유명한 사진이다.

고양시 행주 인근 한국전쟁 당시 남매 사진
(출처: 미국 국가기록원(NARA) 80-G-32500호)

1950년 6월 25일, 작은 나라는 이념에 따라 두 동강이 났고 누가 차지할지가 중요한 전쟁의 화염에 쌓여 많은 희생자를 발생시켰다.

전쟁 발발 1년 후, 유엔군과 '조·중연합군'은 1951년 6월 한반도 문제를 더 이상 군사적으로 해결하기 어렵다고 판단하고 휴전회담에 들어갔다.

같은 시기, 1951년 6월 9일, 한국전쟁에 참전한 미군의 스펜서 소령은

경기도 고양시 행주 인근에서 멈춰 선 M-26 탱크 앞을 지나가고 있을 때 한 남매의 사진을 찍었다.

　한국전쟁을 직접 경험한 세대들은 이제 극소수에 불과하다. 대다수 국민이 오래된 사진과 영화를 통해 한국전쟁의 참상을 파악할 수 있을 뿐이다.

　전쟁의 이유도 모른 채 총소리가 들리는 동네에는 미군들과 탱크가 돌아다니고 추위와 배고픔을 견디던 소녀가 절반쯤 눈이 감긴 동생을 업고 과연 무슨 생각을 하고 있었을까?

　초등학교를 다니고 편의점에서 군것질하며 스마트폰으로 친구들과 소통하며 행복하게 지낼 나이, 똑같이 이 땅을 살았던 소녀에게 다른 것이 있다면 70년 일찍 태어났다는 사실뿐이다. 전혀 다른 상황과 환경 속을 살아야만 했던 인생의 변수는 운명이라는 이름으로 불러야 할까? 남매는 스스로의 선택으로 탱크 앞에 서고, 덩치 큰 외국인들의 카메라 속의 자신의 족적을 남긴 후 금방 끝날 줄 알았던 전쟁이 2년이나 지난 후에야 총소리가 멈추게 될지 알았을까?

　하나의 짤막한 문장이나 한 장의 사진으로 마주하게 되는 당시 기억은 과거 사람들의 숱한 인생의 이야기들이 현재와 소통하게 한다.

독일의 나치군이 '인종 청소'라는 이유로 수백만 명 이상의 유대인을 학살하였다는 세계사의 한 대목을 읽어 내는 데는 수 초도 채 걸리지 않지만, 수백만 명의 시신이 널려 있는 광경은 그 누구도 쉽게 상상해 내기 어렵다. 그들이 살아온 시간들, 그들이 누렸던 감정들, 그들을 기억하는 사람들의 이야기는 또 큰 산이 되어 쌓이고 큰 바다가 되어 흘러넘친다. 과거의 사람들이 특출나서, 아니 유별나서 그 상황과 환경 앞에 맞닥뜨린 것이 아니다. 오늘의 우리 인간과 저 시대의 인간이 다른가?

정도는 다르겠지만, 벽에 부딪히고 이룰 수 없는 욕망에 매일을 좌절하는 것이 우리 삶의 연속이다. 과거로 돌아간다면 우리는 어떤 기록을 남길 수 있을 것인가? 기록을 통해 우리와 같은 사람의 과거 기억과 우리보다 먼저 '삶'이라는 것을 경험해 보았던 나그네들과 소통인 것이다.

눈에는 보이지 않는 가치

~~~~~~~~

역사는 한 줄의 기록에서 시작된다. 역사학자들은 당대의 한계 상황 속에서 남겨진 기록들을 가지고 역사를 재현하고자 노력하는 전문가들이다. 다양한 형태로 기록되어진 것들은 역사에서 특별한 것이 아니라, 기록된 후 지금까지 관리되어 활용되기 때문에 특별해진 것이다.

지금 이 시간 이후로 새로운 기록이 발견된다면 어떤 방식으로든 역사 전문가들이 재구성하여 우리에게 제공될 것이다.

만일 예전 기록들이 발견되지 않았다면, 조상들의 과거가 어떤 모습이었는지 우리가 알 수 있었을까? 지구상에서 벌어지는 다양한 사건과 사고, 전쟁과 평화, 발견과 발명들, 도전과 개척의 사실들이 기록되었기에 기록을 발판으로 오늘날 이렇게 발전된 인류 문명을 가질 수 있게 된 것이다.

기록은 앞에서 살펴본 것처럼 단순하게 기억을 연장시키고 다른 사람들과 소통하기 위한 매개체로써 쓰이기도 하지만 인간이 살아가는 법규와 규정을 준수하는 사회정의가 실현되어 행동이 되게끔 한다.

학교, 회사 등 우리가 살고 있는 사회에서 발생하는 사건을 이해하는 데에도 기록이 사용된다. 사회구성원이 수행한 업적이나 의사결정의 성과를 평가받아야 할 때, 그리고 조직 외부에서의 이해 당사자들끼리 정책 결정과 집행의 근거를 체계적으로 설명할 수 있을 때 비로소 이해할 수 있는 것이다. 즉, 사회 구성원과 이해 당사자들끼리 평가나 결정에 대한 근거 제시를 요구받을 때 잘 관리된 기록은 유용한 도구가 된다. 기록은 공정하고 투명하게 그리고 구성원의 알 권리가 보장되는 건강한 민주사회를 구성하는 필수적인 요소이다.

노무현 대통령의 일화가 있다. 대통령은 어느 날 보좌진에게 이순신 장군과 원균 장군의 차이점을 질문하였다. 보좌진들은 다양한 답들을 내놓았지만 대통령이 원하는 답이 아니었다. 대통령은 두 사람의 차이를 "이순신 장군은 임진사태에 대해 『난중일기』라는 기록을 남겼고, 원균 장군은 별다른 기록을 남기지 않았다."라고 지적했다고 한다.

잘 알다시피 『난중일기』는 이순신 장군 개인의 일기 형식으로 작성되었지만 날마다 교전 상황이나 개인적 소회, 그리고 당시의 날씨나 지형, 서민들의 생활상까지 상세하게 기록하고 있다. 군 사령관이 전장에서 겪은 이야기들을 다양한 방면에서 직접 서술한 기록은 세계사에서도 그 유례를 찾아보기 힘들다.

표면적으로 우리가 역사 시간에 배우는 임진왜란은 조선이 일본의 침략에 맞서 명(明)나라와 연합하여 싸운 삼국의 전쟁이지만 실제 기록을 살펴보면 조선을 돕기 위해 명나라가 보낸 부대에는 동남아시아와 유럽 출신의 용병들이 상당수 포함되어 있어 다수의 국가가 연관된 전쟁이라는 것을 알 수 있다.

뿐만 아니라, 임진왜란에서 일본이 사용한 무기인 조총과 중국인들이 사용한 '파랑기(farangi)'라는 이름의 유럽산 대포 등을 통해, 임진왜란이 대량 생산된 새로운 총포 무기를 개발하고 도입하여 산업화된 무기를 증강하는 경쟁을 벌이기 시작한 시점이었던 것도 알 수 있다.

이런 관점에서 『난중일기』는 당시의 동아시아 국제 정세와 군사적 갈등을 포함한 세계사 연구에 중요하며 귀한 자료라고 볼 수 있다.

역사를 사랑하고 공부하기 위해서는 기록을 직접 찾아보고 활용할 줄 알아야 하는데 그 방법을 알려 주는 선생님이나 책은 없다.

바로 눈앞에 보이는 기록에서 '보이지 않는 가치'를 찾는 것이 학습 효과에 분명 유의미하다고 생각한다.

이 책에서는 전 세계적으로 많은 피해자를 만들어 낸 세계대전 당시 만들어진 기록유산을 살펴보고, 기록이 보관된 곳을 직접 방문하기 위해서는 시간적·공간적·물질적으로 한계가 있기 때문에 인터넷으로 검색할 수 있는 방법을 안내하고자 한다.

기록유산을 보유·관리하는 기관에서는 막대한 예산과 기술을 투입하여 문서를 분류하고 컬렉션으로 만들어 아카이빙을 구축한다. 하지만 이

세계기록유산을 검색 후 가치를 알 수 있다

를 제대로 알고 활용하는 사람은 찾기 힘들다.

세계사를 공부하다 보면 반드시 거치게 되는 세계대전은 그 규모가 크고 국가 간의 이권 다툼으로 발생하는 인간들이 지닌 생각과 철학에 대해 생각해 볼 점도 많다. 장기화되는 전쟁 속에 고통을 느끼던 보통 사람의 『안네 프랑크의 일기』의 뒷이야기, 세계대전이 끝나고 전범자들의 재판을 기록한 「프랑크푸르트 아우슈비츠 재판」의 뒷이야기, 같은 전쟁을 치르고 같은 이야기를 하고 있지만 피해 국가의 국민보다 자국민의 피해만 기록한 「일본인 억류 및 송환에 관한 문서」의 뒷이야기 등 세계적으로 남겨진 기록유산들의 특징과 가치를 확인하지 않고 역사를 논할 수 있을까?

전 세계적으로 '코로나19'가 덮쳐 해외여행으로 국외의 박물관, 도서관, 기록관으로 직접 방문할 수 없는 한계를 극복하기 위해 각 나라의 기록유산을 인터넷이라는 강력한 도구로 간접 체험하도록 안내하는 것이 이 책의 목적이다.

세계기록유산을 보유하고 있는 각 기관의 디지털 아카이브에 접속하는 방법을 안내하여 기록이 가진 가치와 그들이 남긴 기록을 통해 간접 경험을 할 수 있는 지적 성장 향상 및 리터러시(Literacy)에 도움을 주기 위해서이다.

유네스코에서는 보존 가치가 높은 기록과 컬렉션을 선별하여 기록유산으로 선정하는데, 우리가 역사 시간에 배우지 않는 역사에 관한 기록도 기록유산으로 선정한다.

한평생 인간이 살아가면서 기억하는 역사적 사건과 기록은 과연 몇 개가 될까? 아마도 그 범위는 상상하는 것보다 적을 것이다.

우리가 과거에 대한 기록이나 역사에 관심 가지는 것은 평화로운 삶에서 미래의 불안함을 느끼기 때문이라고 생각한다. 과거의 사실을 통해 반성하고 극복하고자 하는 것이다.

과거의 같은 기억이 사람마다 차이 나는 이유는 처해진 환경이 다르기 때문이다. 이러한 차이로 인해 현재 삶과 미래의 삶에서도 차이가 나게 만든다.

유네스코가 선정한 세계기록유산 432점 중 가장 큰 피해가 발생한 전쟁이었던 제1·2차 세계대전에 대한 기록유산 15건을 선별해 보았다. 전쟁의 기간이 길었고 그만큼 피해가 막대하였기 때문에 각 나라에서 세계대전을 어떻게 기억하는지 차이를 알아보고 당시 사람들은 그 기억을 어떻게 남기려고 하였는지 그리고 우리는 그 기억에 어떻게 접근하여 검색하고 활용할 수 있는지 알아보자.

2

포화 속을
기억하는 기록

인간은 진화하기 위하여 기록을 한다. 기록으로 진화된 인간은 정치가와 군인들로 인해 다양한 이유로 전쟁을 일으킨다. 전쟁으로 난리가 난 포화 속에서도 사람들은 집도 사고팔고 연인들과 사랑을 하고 학생들은 학교도 간다. 하지만 이 과정에서 전쟁의 피해는 민간인들이 고스란히 받는다. 포화가 가득 찬 현장을 인간은 어떻게 기억하려 했는지 다음 기록유산들을 살펴보자.

세르비아

「1914년 7월 28일 오스트리아-헝가리의 대 세르비아 선전포고 전보」(2015), 세르비아 기록보관소

'세계대전'이라는 명칭은 전쟁이 끝나고 나서 후대에 지어진 이름이다. 이 전쟁은 유럽의 제국주의* 국가들 이권 다툼으로 일어났다. 제1차 세계대전은 약 1천만 명이 죽고 약 2천만 명이 부상을 당한 큰 싸움이었다.

그런데 비극적인 전쟁을 알리는 선전포고문이 세르비아 기록관에 보관 중이다. 이 선전포고문은 국제적 외교 관계를 증명하는 중요한 증거가 되고 있으며 '세르비아 기록보관소'를 일약 세계적으로 유명한 기록보관소 중 하나로 만든 국제적으로 중요한 문서이다.

---

*   자국의 정치적 · 경제적 지배권을 다른 민족 · 국가의 영토로 확대시키려는 국가의 충동이나 정책이며 17세기 후반 유럽에서 시작되어 20세기 초에 걸쳐 나타난 이기적인 인간의 본성을 반영한 국가적 차원의 체제이다.

36   세계기록유산 100% 활용하기 - 해외·세계대전 편

「1914년 7월 28일 오스트리아-헝가리의 대 세르비아 선전포고 전보」
(출처: 세르비아 기록보관소)

「오스트리아-헝가리의 대 세르비아 선전포고 전보」는 수백만 명에 달하는 사람들의 삶을 망가뜨린 인류 역사상 그리고 인류학 차원에서 중요하며 가치가 있다. 제1차 세계대전의 결과로 세계의 정치 지도는 대폭 수정되었다. 전쟁으로 독일 제국·오스트리아·헝가리 제국·러시아 제국의 시대는 막을 내렸고, 러시아에서는 볼셰비키 정권이 수립되었으며, 유럽과 미국 간의 세력 균형은 바뀌게 되었다.

국가	세르비아 (Serbia)
등재연도	2015년
외국어 표기	Telegram of Austria-Hungary's declaration of war on Serbia on 28th July 1914
소장 및 관리기관	세르비아 기록보관소 (Archives of Serbia)
홈페이지	https://www.arhivsrbije.rs/en
언택트 활용	불가능

세르비아 기록보관소 전경
(출처: 세르비아 기록보관소)

세르비아 기록보관소 홈페이지

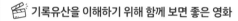 **기록유산을 이해하기 위해 함께 보면 좋은 영화**

「1917」(드라마, 미국, 119분, 2020. 2. 19. 개봉, 샘 멘데스 감독)

– 제1차 세계대전의 참혹함과 실상.

– 롱테이크 기법 영화.

영국

육군 원수 '더글러스 헤이그 경'의 제1차 세계대전 당시
자필일기(2015), 스코틀랜드 국립도서관

책 앞부분에서도 잠시 언급한 이순신 장군의 『난중일기』는 당시 동아시아 국제 정세와 군사적 갈등을 포함한 세계사 연구에 중요하며 귀한 자료라고 설명하였다. 그리고 400년 뒤 이순신 장군과 같이 당시 국제 정세 등을 자세히 기록한 위인이 있었으니 그가 바로 영국의 헤이그 장군이다.

더글러스 헤이그 경
(출처: 위키피디아)

1861년 영국 에든버러에서 위스키 양조장을 경영하던 존 헤이그(Jogn Haig)의 아들로 태어나 옥스퍼드에서 공부하였고 1884년 왕립 군사학교에 입학함으로써 군인이 되었다. 제1차 세계대전이 발발했을 때에는 육군원수 존 프렌치의 지휘 아래 프랑스에서 영국 해외파견대(British Expeditionary

Force)의 총사령관이었다. 솜 전투, 아라스 전투, 파스샹달 전투, 독일 춘계 공세, 마지막 100일 공세 등의 지휘관이었다. 전쟁의 승리를 위해 2백만 아군과 사상자를 맞바꾸는 전략을 세워 윤리적으로 문제가 있었지만 육군 원수로 승진하여 독일군에 마지막 총 공세를 폄으로서 연합국의 승리를 촉진시키는 데 결정적인 역할을 담당하였다.

헤이그 경의 일기
(출처: 유네스코)

'헤이그 경의 일기'는 제1차 세계대전에 관한 근대적인 의견이 담긴 문서로서 영국뿐만 아니라 세계적으로도 귀중한 자료이다.

전쟁 중에 직접 고위직이 작성하였고 의사 결정 그리고 연합군의 사령관들 관계를 이해하는 데 도움을 준다. 특히 전쟁이 장기화됨에 따라 현대화되는 전쟁 방식에 군인들이 적응해 가는 과정을 보여 주는 기록이기도 하다. 장기간 걸친 전쟁에 대한 자세하고 광범위한 내용의 일기라는 점에서 대체 불가하다는 평이다.

'헤이그 경의 일기'는 스코틀랜드 국립도서관(National Library of Scotland)에서 소장하고 있다.

국가	영국 (United Kingdom of Great Britain)
등재연도	2015년
외국어 표기	Autograph First World War Diary of Field Marshal Sir Douglas Haig, 1914~1919
소장 및 관리기관	스코틀랜드 국립도서관 (National Library of Scotland)
홈페이지	https://www.nls.uk/
언택트 활용	불가능 (헤이그 경 가족이 저작권을 가지고 있음)

스코틀랜드 도서관 전경
(출처: 위키피디아)

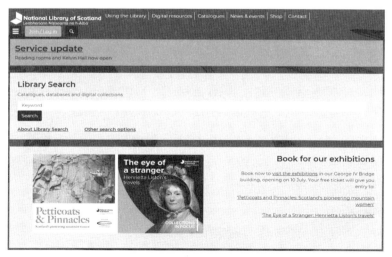

스코틀랜드 도서관 홈페이지

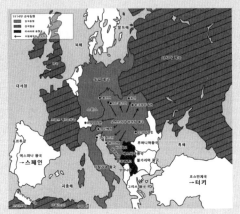

제1차 세계대전(1914. 7. 28.~1918. 11. 11.) 배경

　1908년 오스트리아가 세르비아 주변 지역인 보스니아와 헤르체고비나를 차지하여 이에 격분한 세르비아 국민주의자 가브릴로 프란치프가 1914년 6월 28일 사라예보에서 오스트리아-헝가리 제국 왕위 후계자인 프란츠 페르디난트 대공을 암살하는 '사라예보 사건'이 발생했다.

　이 사건을 계기로 1914년에 오스트리아가 세르비아에 대한 선전포고를 했고, 제1차 세계대전이라는 거대한 전쟁의 소용돌이가 시작되었다. 처음에는 오스트리아와 독일을 중심으로 한 동맹국과 영국, 프랑스, 러시아 등을 중심으로 한 연합국 간의 전쟁이었기 때문에 유럽 전쟁이라고 이야기를 하였다. 하지만 미국이 참전하면서 세계대전으로 불리게 되었다. 전쟁의 직접적인 원인은 강대국끼리의 패권을 차지하기 위한 경제 전쟁이라고 할 수 있다.

　제1차 세계대전 기간 동안 약 1,000만 명이 죽고 2,000만 명이 부상을 당한 세계 역사에 엄청난 상처를 안긴 전쟁이었다.

영국, 프랑스

1940년 6월 18일 '대국민 호소문' 컬렉션(2005),
프랑스국립시청각연구소 등

제1차 세계대전과 마찬가지로 제2차 세계대전이라는 명칭은 전쟁이 끝나고 나서 후대에 지어진 이름이다. 제2차 세계대전은 1939년 9월 3일에 독일의 폴란드 침공으로 시작되었고 프랑스와 영국은 즉각 선전포고를 한다. 하지만 프랑스와 영국은 독일과의 무력 충돌 없이 지내게 되는데 이 기간을 '포니전쟁'이라고 한다. 그러다가 1940년 5월 10일, 독일은 프랑스의 마지노선을 넘어 습격하였다. 1940년 6월 18일, 프랑스의 샤를드골 장군은 영국의 윈스턴 처칠로부터 프랑스 방송국에서 BBC 라디오를 통해 연설방송을 할 수 있는 허가를 얻게 되어

**BBC 라디오를 통해 대국민 호소문을
연설하고 있는 샤를드골 장군
(출처: 위키피디아)**

독일과 이탈리아의 침략에 맞서 저항할 것이라고 국민들에게 연설을 하였다. 이때 BBC는 연설문을 남기지 않았지만 스위스 정보기관에서 라디오 연설을 듣고 기록한 내용이 향후 기록보관소에서 발견되었다.

이 컬렉션의 핵심 자료는 네 가지로 6월 18일에 방송된 호소문의 육필 대본, 6월 22일에 방송된 호소문의 라디오 녹음 음반, 8월 3일의 포스터 원고 및 포스터 원본이다.

국가가 전쟁에 대한 의견을 국민들에게 소통하기 위한 수단으로 라디오 방송을 선택할 수도 있는 것을 보여 주며 이 방송을 통해 프랑스 국민들과 관련 국가들이 전쟁에 대한 저항으로 결속하도록 하였다. 프랑스 국민들은 라디오 방송을 통해 반전 집단기억을 만들어 냈다는 것도 중요하다. '대국민 호소문' 컬렉션은 프랑스 국립 시청각연구소(Institut National de l'Audiovisuel), BBC, 필립드골제독(Philip pe de Gaulle), 프랑스 해방 훈장 박물관(Musée de l'Ordre de la Libération)에서 소장하고 있다.

국가	프랑스(France), 영국(United Kingdom of Great Britain)
등재연도	2005
외국어 표기	The Appeal of 18 June 1940

	6월 18일 대국문 호소문 원본 : 필립 드골(Philip pe de Gaulle) 제독
소장 및 관리기관	6월 22일 대국민 호소의 라디오 녹음 : 프랑스 국립 시청각연구소(Institut National de l'Audiovisuel), BBC
	포스터 필사본 및 인쇄본 : 프랑스 해방 훈장 박물관(Musée de l'Ordre de la Libération)
홈페이지	6월 22일 대국민 호소의 라디오 녹음 음성 https://www.inamediapro.com/eng
언택트 활용	가능 (공식홈페이지에서는 회원가입 이후 승인절차가 필요해 시간이 소요 된다. 유튜브에 검색하여 당시 긴박했던 라디오 음성을 들을 수 있다.)

🖳 언택트 활용방법

프랑스 국립시청각연구소 홈페이지 1

① https://www.inamediapro.com/eng/에 접속한다.
② 검색창에 'Appear'를 검색한다.

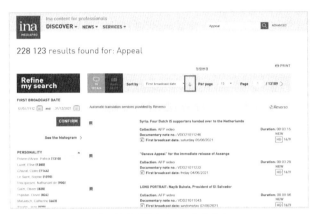

프랑스 국립시청각연구소 홈페이지 2

③ Sort by(정렬)를 오름차순으로 변경한다.

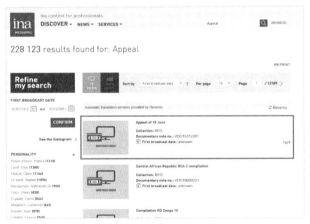

프랑스 국립시청각연구소 홈페이지 3

④ 맨 위에 검색되는 파일을 클릭한다.

⑤ 하지만 회원가입 이후 승인 절차가 필요하기 때문에 시간이 소요된다(2~3일).

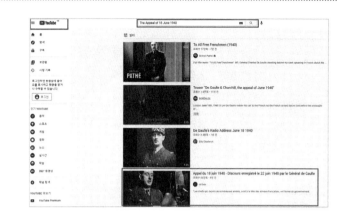

유투브 검색 장면

⑥ 유투브로 검색하여 당시 긴박했던 라디오 음성을 들어 보자.

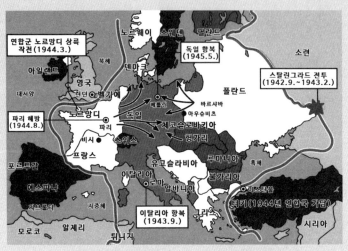

제2차 세계대전(1939. 9. 1.~1945. 8. 15.) 유럽 전선

　제1차 세계대전에서 패배한 독일은 1939년 9월, 폴란드를 침공, 독일의 동맹국인 일본이 1941년 12월, 태평양에서 미국과의 전쟁으로 국제전쟁으로 발전한 추축국과 연합국 사이의 전쟁을 말한다. 제1차 세계대전과 마찬가지로 제국주의 전쟁으로 시작되었으나, 한편으로는 파시즘과 민주주의의 전쟁, 식민지·종속국의 민족 독립 투쟁이기도 하였다.

　제1차 세계대전보다 훨씬 더한 총력전으로서, 항공 전력·기갑사단·레이더 등 기술이 진보하였으며, 무기 생산과 기술력이 차지하는 비중이 더 한층 높아졌다.

　또 게릴라전을 주축으로 하는 레지스탕스가 반파시즘·민족 해방 투쟁의 중요한 전술로 떠올랐다. 대전 초기부터 국제 연합 설치 등 전후 처리에 관한 연합국 사이의 협의가 거듭된 반면, 전후의 냉전 체제를 가져오는 요인들도 이미 포함되어 있다.

1945년 5월에 독일이, 같은 해 8월에 일본이 무조건 항복으로써 이 전쟁은 종결되었다.

3

사회를
결속시키는
기록의 힘

개인의 생각이나 삶의 방식이 사회나 공동체의 영향을 받듯이 개인의 기억도 그가 속한 사회나 공동체로부터 영향을 받는다. 한 사람의 기억이 다른 사람의 기억 속에 뿌리를 내리기도 하고 자신의 기억이 다른 사람의 기억과 얽혀 있기도 하다.* 프랑스 사회학자 모리스 알박스(Maurice Halbwachs)는 1926년 독일에서 발표한 그의 책 『On Collective Memory』에서 모든 기억은 사회적 틀에 맞추어 형성되며, 집단기억은 "개인의 기억이 만들어지고 유지되는 틀"이라 하였다.** 개인의 기억 과정이 사회적인

---

*   Ketelaar, Eric. 2014. Archives, Memories and Identities. In: Brown, Caroline. eds. Archives and Recordkeeping : Theory into Pracice. London:Facet. 131-170.

**   Halbwachs, Maurice. 1992. 『On Collective Memory』. Translated and edited by Lewis A. Coser. Chicago, University of Chicago Press.

관계에서 영향을 받는다는 점에 주목하여 '집단기억'이라는 개념을 만들어 냈다. 다음 소개하는 기록유산들은 한 개인이나 단체가 사회적 과정에서 집단의 기록을 수집하여 공동체 내의 합의된 이야기를 만들어 냈다. 과거를 경험하지 않았던 사람들도 기록을 통해 기억을 공유할 수 있도록 하였다.

폴란드

～～～

바르샤바 게토 기록물(에마누엘 린겔블룸 기록)(1999),
유대인 역사 연구소

1939년 9월 28일, 폴란드의 수도 바르샤바는
독일군에 점령되었다. 1940년 10월 16일에 바르
샤바 게토가 설치되어 바르샤바와 그 인근에 살
던 유대인 45만 명이 게토로 강제 이주되었다.
역사학자, 정치가이자 사회운동가였던 에마누
엘 린겔블룸도 그중 한 명이었다. 넓이 3.07㎢의
바르샤바 게토에서 유대인들은 극도의 주거난

에마누엘 린겔블룸
(출처: 유대인역사연구소)

과 식량난에 시달렸다. 1942년 6월 이후 홀로코
스트의 속도가 빨라지자 린겔블룸과 그를 따르던 비밀 조직원들은 '오이
네그 샤보스(Oyneg Shaboos)'라는 암호명으로 게토의 실상을 쪽지에 기
록하거나 게토 주민들에게 자료를 수집하여 우유통과 상자에 숨겨 보관
하였다. 우유통에 보관된 기록물은 린겔블룸이 수용소에서 죽음을 맞이

한 이후에 발견되었다. 유대인들의 기록을 모은 린겔블룸 '바르샤바 게토 기록물'은 총과 주먹 대신 펜과 종이로 독일 나치군의 거짓말에 맞서 싸운 위대한 여정을 보여 준다. 세계대전이 끝난 뒤 기록물의 일부가 1946년과 1950년에 발견되었는데, 약 2만 5천 페이지에 달하는 피해자들의 삶과 절규를 세상에 알렸다. 1999년 유네스코는 "고유성과 역사적 가치가 충분하다"고 평가하며, 린겔블룸 기록물을 유네스코 세계기록유산으로 등재하였다.

3개의 상자와 2개의 우유통에 기록을 숨겼다 (출처: 유대인역사연구소)

우유통에 기록을 숨겼다 (출처: 유대인역사연구소)

린겔블룸과 그의 조직이 메모, 편지, 그림 등, 그곳에서 생산된 모든 형태의 기록들을 목숨을 걸고 모은 이유는 분명하다. 우유통에 보관된 기록들이 게토에서 일어나는 독일 나치군의 참상을 알릴 역사적 진실이라 믿었기 때문이다. 처형되기 전날에 느끼는 개인의 감정을 기록한 편지와 참혹한 삶을 그린 그림은 인종이나 종교적 여부와는 무관하게 인류애를 느끼게 한다. 독일 나치군이 린겔블룸의 활동을 방해하며 눈에 불을 켜고 기록물을 찾아내려 했던 이유도 마찬가지다. 기록에 담긴 바르샤바의 게토와 홀로코스트에 관한 진실이 세상에 알려지길 원치 않았기 때문이다. 그 과정에서 먼저 목숨을 잃은 쪽은 린겔블룸이었지만, 영원한 생명을 얻은 쪽은 독일 나치군이 아닌 '우유통 속에 보관된 기억'이었다.

전시 중인 린겔블룸 기록
(출처: 유대인역사연구소)

국가	폴란드 (Poland)
등재연도	1999
외국어 표기	WARSAW Ghetto Archives (Emanuel Ringelblum Archives)
소장 및 관리기관	유태인 역사연구소 (Zydowski Instytut Historyczny Instytut Naukowo-Badawczy)
홈페이지 주소	https://www.jhi.pl/en/
언택트 활용	가능

💻 **언택트 활용방법**

폴란드 유대인 역사 연구소 홈페이지 1

① https://www.jhi.pl/en/에 접속한다.

폴란드 유대인 역사 연구소 홈페이지 2

② COLLECTIONS(수집)을 클릭한다.

③ Heritage Documentation Department(기록유산부서)를 클릭한다.

폴란드 유대인 역사 연구소 홈페이지 3

④ EXHIBITIONS(전시)을 클릭한다.

⑤ 'Where Art Thou? Gen 3:9. 80th anniversary of the closure of the
Warsaw Ghetto'를 클릭한다.

기록유산을 이해하기 위해 함께 보면 좋은 영화

「피아니스트」(드라마, 프랑스·독일·폴란드·영국·네덜란드, 148분, 2003년 개봉, 로만 폴란스키 감독)

- 바르샤바 게토 유대인 참혹한 생활 장면.

- 바르샤바 게토 봉기 장면.

- 폐허가 된 바르샤바에서 피아노를 치고 있는 장면.

게토(Ghetto)란 무엇인가?

1516년, 베니스 시당국은 유태인이 거주하도록 별도의 '게토'마을을 건설하였다. 16세기와 17세기 지방정부로부터 오스트리아 제국의 황제 찰스 5세(Charles V)에 이르기까지 많은 정부가 프랑크푸르트, 로마, 프라하에 이르는 많은 도시들에 유대인이 별도로 거주하는 마을을 설립하였다.

제2차 세계대전 동안의 게토는 독일군이 유대인을 말살시키고자 일시적 제한된 구역에서 살게 하였다. 게토는 유대인을 사회로부터 분리하였다. 독일은 폴란드와 소련에만 1,000여 곳의 게토를 설립하였다. 1939년 10월, 독일군은 폴란드 피오트르쿠프트리부날스키에 첫 게토를 설립하였다.

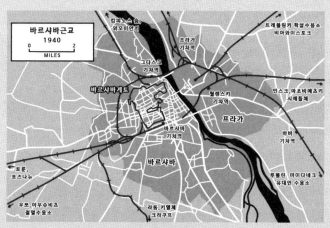

폴란드 바르샤바 게토 지역(1940)

폴란드에서 가장 큰 게토는 바르샤바 게토였는데 약 45만 명 이상의 유태인들이 넓이 약 3.07㎢의 지역에 살았다. 로츠, 크라쿠프, 비알리스토크, 르보브, 루블린, 빌나, 코프노, 체스토코바 및 민스크 등의 도시에 게토가 설립되어 있었다.

폴란드 크라크푸 게토 지역과 쉰들러 공장(1942)

1941년 말, "최종해결(유럽 내 모든 유대인을 말살하는 계획)"이 실행되자 독일은 게토를 폐쇄하였고 게토의 주민들을 총살하거나 기차를 이용하여 아우슈비츠 또는 비르케나우 수용소로 보낸 후 살해하였다.

멕시코

'아슈케나지' 공동체 기록·조사센터 컬렉션(2009),
아슈케나지 공동체 기록 및 조사센터

이스라엘이 유대인들의 나라라는 것은 알고 있을 것이다. 그런데도 문제가 되는 것은 현대 이스라엘 국가의 건국 배경 때문이다. 2천 년 전 자신들의 조상이 살던 땅이라는 근거로 팔레스타인 땅에 들어와서 팔레스타인 주민들을 쫓아내기 위해 최근까지도 전쟁을 치르고 있다. 그럼 과연 현재 이스라엘에 살고 있는 유대인들은 2천 년 전에 그 땅에 살던 유대인들의 후예일까? 현재의 팔레스타인의

팔레스타인-이스라엘 현황(2021년 기준)

땅에 이스라엘이 건국되기 전에는 유대인들의 다수가 동유럽에 거주하였다. 동유럽에서 거주하던 유대인들을 '아슈케나지'*라고 한다. 아슈케나지는 현재 이스라엘을 세운 주역이자, 이스라엘과 세계 각지에 퍼진 현재 유대인의 약 70%를 차지하는 주류 유대인이다.

19세기 말부터 '아슈케나지'들은 더 나은 생활 조건을 찾아서 동유럽에서 아메리카 대륙으로 이주하기 시작하였다. 처음에는 제1차 세계대전과 볼셰비키 혁명에 의해 촉발된 카자흐스탄 기병과 우크라이나인의 집단 학살 때문이었지만, 1930년대에 독일의 나치가 등장하면서 제2차 세계대전이 시작되고 600만 명의 홀로코스트로 '아슈케나지'들의 관습과 언어(이디시어), 예법 등이 사라질 위험에 처했기 때문에 아메리카 대륙으로 본격적으로 이주하게 되었다. 제2차 세계대전과 홀로코스트에서 살아남은 소수의 생존자들은 민족의 정체성을 지키기 위해 안전한 멕시코를 선택하였고 그곳에서 집단기억을 보장하기 위한 기록을 수집하게 된다.

수집되는 기록의 양이 많아지자 1950년대부터 기록보관소를 만드는 것을 고려하였지만, 설립되는 것은 20세기 말이었다. 1993년 유대인 공동체 아슈케나지 케힐라(Ashkenazi Kehillah, 1922~1992)는 『멕시코에 있는

---

* 남유럽 등 지중해 연변에 거주하던 유대인을 '세파르디', 이디오피아 등 아프리카에 거주하던 유대인을 '미즈라히'라고 한다.

아슈케나지 집단 이주 관련 지도

유대인 세대(Generaciones Judías en México)』라는 도서 7권을 시작으로 하여, 멕시코 아슈케나지 공동체 기록 및 연구 센터(CDICA)를 만들기로 결정하였다. CDICA는 16~20세기의 컬렉션으로 이루어져 있다. 이곳에는 고대 히브리 서적과 이디시어와 히브리어로 번역된 멕시코 서적, 멕시코 최초의 이디시어 신문과 정기 간행물 그리고 아슈케나지에 있던 여러 기관의 기록컬렉션들이 있다. 또한 멕시코 정부에 대해 공동체를 대변하는 기구가 되었던 유대인중앙위원회(Comité Central Israelita)의 컬렉션, 공동체 100년간 사진 8,000점을 담은 그래픽 파일, 이주자·지식인·공동체 지도자들과 회견한 200여 건의 인터뷰 자료가 포함된 구술 역사 파일 등을 보관하고 있다.

특히 고대 히브리어로 작성된 멕시코 서적이 특별한 이유는 폴란드 유대교의 중심지*이었던 유럽에서 라틴아메리카로, 다시 말해 지리적으로 굉장히 먼 곳으로 옮겨져야만 했던 특별한 역사적 사연과 멕시코에서 히브리어로 작성된 유일본이기 때문이다. 유럽에서 한순간의 전쟁으로 사라질 뻔한 아슈케나지의 집단기억을 후대에 알릴 수 있게 하였다.

국가	멕시코 (Mexico)
등재연도	2009
외국어 표기	Collection of the Center of Documentation and Investigation of the Ashkenazi Community in Mexico (16th to 20th Century)
소장 및 관리기관	멕시코 아슈케나지 공동체 기록·연구 센터(CDIJUM)
홈페이지 주소	https://cdijum.mx/
언택트 활용	가능 (스페인어로만 제공되어 스페인어를 모른다면 활용하기는 힘들다. 하지만 자동번역사이트를 사용하면 손쉽게 이용할 수 있다.)

---

* 　오스트리아 · 헝가리 제국의 크라쿠프와 리보프, 제정 러시아의 바르샤바와 빌뉴스.

🖥 언택트 활용방법

CDIJUM 홈페이지 1

① https://cdijum.mx/에 접속한다.
② Archivo histórico(역사 아카이브)를 클릭한다.

CDIJUM 홈페이지 2

③ Archivo histórico(역사 아카이브)의 'Acervo'를 클릭한다.
④ Plataforma digital CDIJUM(디지털 플랫폼)의 'Ir al sitio'를 클릭한다.

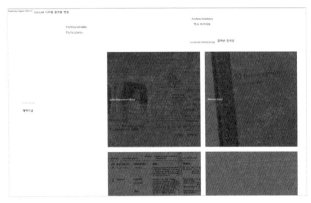

CDIJUM 홈페이지 2-1

⑤ Judios Migrontes en Mexico(멕시코의 유대인 이민자, 아슈케나지)를 클릭한다.

CDIJUM 홈페이지 2-2

⑥ Registros Migratorios(이민 기록)를 클릭한다.

네덜란드

알레타 헤리에트 제이콥스 기록물(2017),
양성평등과 여성 역사 연구소

 현대 사회에서는 여성들의 지위가 과거에 비하여 많이 높아졌다. 하지만 100년 전만 해도 여성들은 참정권이 없었고 교육도 받지 못하던 시절이 있었다. 이를 극복하기 위해 알레타 H. 제이콥스는 한 평생을 노력하였다. 1854년 네덜란드의 사파이어에서 '아슈케나지'였던 한 의사의 아이로 태어났다. 19세기, 네덜란드에서는 여학생들에게 고등교육이 허락되지 않았다. 그녀는 아버지처럼 의사가 되고자 하였고 불철주야 공부하여 네덜란드 대학에 입학하였다. 그리고 '뇌 생리학' 주제로 박사학위를 취득하였다. 제이콥스는 네덜란드 대학에 입학한 최초의 여성일 뿐만 아니라, 네덜란드 여성 최초로 의학 박사학위를 취득한 사람이었다. 의사로 활동하다가 이후 여성 참정권, 노동권 등을 보장하기 위해 시의원 활동도 하게 된다. 제이콥스는 자신의 지위를 여성의 사회적, 국제 정치적 권리를 위한 투쟁으로 이용하였다. 즉, '알레타 H. 제이콥스 기록물'은 그녀가 일생 동안 남긴 것으로 백인우월주의 및 제국주의 시대의 여성인권 투쟁에 대한 이해를 돕는 희귀한 자료인 것이다.

알레타 제이콥스 초상화
(출처: atria)

양성평등과 여성 역사 연구소 전경 사진
(출처: 위키피디아)

제1차 세계대전 당시 교전국들 사이를 오가며 평화를 호소하였는데, 1915년 헤이그에서 개최된 국제여성회의(International Congress of Women)의 주창자였던 것이 외교적으로 중요하다. 최근 「Critical Past」라는 웹 사이트에서 제인 애덤스, 앨리스 해밀턴(Alice Hamilton, 1869~1970)과 알레타 제이콥스가 함께 있는 희귀 영상이 알려지면서 그녀의 기록 컬렉션은 더욱 가치를 지니게 되었다. 그녀의 국제적 명성이 퍼지면서 세계적으로 여성들의 인권과 관련한 운동이 커지게 되었고 여성인권과 집단기억이 형성되었다.

제2차 세계대전 당시, 그녀의 기록들이 독일의 나치군에 의해 약탈당하는데 '바르샤바 게토 기록'과 같이 진실을 감추기 위한 독일의 만행이었다. 2003년, 제이콥스의 기록들이 다시 네덜란드로 돌아가기까지 오랜 시간이 걸린 이유가 냉전시대로 인해 동서 간의 접촉이 없었던 것임을 보여 주어 역사적 안타까운 사실을 알 수 있게 한다. 알레타 헤리에트 제이콥스 기록 컬렉션은 아트리아 양성평등과 여성 역사 연구소에서 보관하고 있다.

국가	네덜란드(IndonesiaNetherlands), 미국(United States of America)
등재연도	2017년
외국어 표기	Aletta H. Jacobs Papers
소장 및 관리기관	양성평등과 여성 역사 연구소 (Institute on Gender Equality and Women's History)

홈페이지 주소	https://institute-genderequality.org/
언택트 활용	가능

📟 언택트 활용방법

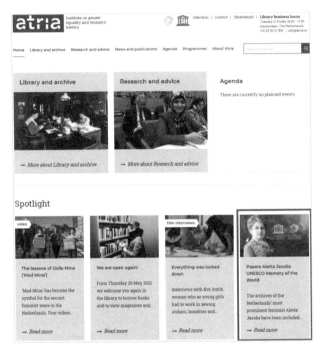

ATRIA 홈페이지 1

① https://institute-genderequality.org/에 접속한다.

② Papers Aletta Jacobs UNESCO Memory of the World를 클릭한다.

UNESCO Memory of the World

The suffrage struggle is most prominently represented in the archives, such as letters directed to Aletta Jacobs from, among others, international feminists like **Carrie Chapman Catt**, **Anna Howard Shaw**, **Emmeline Pankhurst** and **Olive Schreiner**. Another interesting subject is the Peace Mission in 1915: correspondence, travel documents and statements about visits to governments in Europe and United States. Other documents and objects from the archive depict the struggle to access higher education and the medical field, prostitutes' rights, reproductive rights and the role of women in the political peace movements. Aletta Jacobs Papers are digitalised and accessible all over the world

Lost archives

In 1940, the International Archives for the Women's Movement (founded in 1935 as the predecessor of Atria) was shut down by the German occupants and its contents were taken. Luckily, the board of the IAV had stored a number of documents in a safe, among which papers of Aletta Jacobs. In 1992, a Dutch researcher stumbled upon the stolen IAV-material in Moscow. Apparently, the Red Army took the documents to Moscow. The archives returned to Atria in 2003, among which some additional documents of Aletta Jacobs: a dozen letters, several of her articles, the English manuscript of her *Herinneringen* (*Memories*), an album of her travels to Budapest in 1906 and a travel document from 1915.

Conservation of documentary heritage

Through the Memory of the World Register, UNESCO stimulates the preservation of, and access to, authentic, unique and irreplaceable documentary heritage from all over the world. Atria submitted the nomination for the archive of Aletta Jacobs with support from the University of Groningen and the Sophia Smith Collection from the USA.

By: Atria

ATRIA 홈페이지 2

③ Aletta jacobs 태그를 클릭한다.

ATRIA 홈페이지 3

④ Aletta jacobs 기록을 찾아본다.

4

슬픈 기억이
만든 기록

인간은 다양한 감정을 지니고 산다. 행복한 기억만 가지고 있을 것 같은 사람도 이면에는 슬픈 기억을 가지고 있고 아픈 기억만 가지고 있을 것 같은 사람도 이면에는 기쁜 기억을 가지고 있다. 그런 형용할 수 없는 다양한 감정을 기록으로 남긴다는 것이 과연 가능할까? 감정을 글로 완벽히 표현할 수 있다면, 그 '감정'이라는 진본이 왠지 훼손되는 느낌이다. 하지만 전쟁 당시의 슬픔과 아픔이라는 감정을 고스란히 글에 담아 지금까지 전달되고 있는 기록유산이 있다.

네덜란드

『안네 프랑크의 일기』(2009),
네덜란드 전쟁기록연구소

    튤립과 풍차의 나라 네덜란드 암스테르담의 한 건물 앞에 사람들이 우산도 없이 비바람을 맞으며 길게 늘어서 있다.

안네 프랑크의 집에 들어가려는 관광객들

사진 속 건물은 제2차 세계대전 중 독일 나치군의 유대인 말살 정책을 피해 숨어 살던 안네 프랑크 가족의 집이다. 1942년 7월부터 프랑크 가족은 부부와 두 딸 그리고 다른 가족과 함께 전체 면적 약 100㎡의 은밀한 부속 건물에 은신하였다. 이 은신처는 지금도 그대로 존재하며, 1960년 5월 3일 이후 안네 프랑크 박물관(Anne Frank House)으로 사용되고 있다.

전 세계적으로 유명한 『안네 프랑크의 일기』는 1942년 6월 14일부터 1944년 8월 1일까지 안네의 생활을 기록한 것이다. 사춘기 소녀였던 안네는 열세 살 생일 선물로 받은 일기장을 '키티'라 부르며 제2차 세계대전 중의 일상생활을 1인칭 시점으로 이야기하였다. 이 일기에서는 독일의 나치군이 네덜란드를 점령함으로서 유대인들의 생활에 미친 영향을 보여 주고 있다.

『안네 프랑크의 일기』는 전 세계 65개 언어로 번역 출판되었다. 안네의 일기 내용은 전 세계인에게 인류적, 종교적 차원을 넘어선 감동을 주고 있다. 일기는 사춘기의 소녀가 쓴 것이므로 특히 청소년들은 더욱 공감하고 있다. 청소년들은 오늘날 인종차별과 전쟁의 결과를 배울 수 있다.

『안네 프랑크의 일기』의 구성

안네 프랑크
(출처: 안네의 집)

안네의 일기 키티
(출처: 안네의 집)

- 흰색과 빨간색 체크무늬가 있는 일기장(1942년 6월부터 12월까지 기록된 일기).
- 표지가 두꺼운 학교 공책 2권(1944년 8월 1일까지 기록된 일기).
- 일기를 쓰고 고쳤던 얇은 종이 360장.
- 그가 좋아하는 명언이 적혀 있는 장부책(아버지의 사무실에서 가져온 것) 1권.
- 자신에 관한 짤막한 이야기 몇 편을 적어 놓은 다른 장부책 1권.

　1944년 8월 4일, 안네의 가족은 761일을 지낸 은신처에서 독일의 나치 군 당원들에게 잡히게 된다. 그리고 150만 명이 가스실에서 죽어 간 폴란드의 아우슈비츠로 가족과 함께 끌려갔다. 엄마 에디트가 사망하였고 안네와 언니 마르코트는 독일 하노버 베르겐벨젠 강제수용소에서 종전을 두 달 앞둔 1945년 3월 장티푸스로 사망하였다. 현재 베르겐벨젠 수용소에는 남아 있는 시설이 거의 없다. 단지 1천여 명씩 묻힌 거대한 무덤 수십 개가 여기저기 흩어져 있었다. 안네의 주검도 그 무덤 속 수많은 억울한 주검들 과 엉켜 있을 것이다.

참혹하고 비통한 '고통의 역사'는 역사 시간에 잠깐의 수업 내용으로 배 우지만 여기서 멈추지 말고 기억해야 한다. 독일의 나치군이 저지른 대량 학살뿐 아니라, 일제강점기와 한국전쟁 전후 민간인 학살, 제주4·3학살 등 이 땅에서 벌어진 집단 학살과 지구촌 곳곳에서 벌어진 제노사이드*를 우리는 기억해야 한다. 그것이 나와 자손들이 죽어 갈 가능성을 낮추는 길 일 것이다. 아우슈비츠 수용소 기념비에는 "아우슈비츠보다 더 무서운 것 은 인류가 그 사실을 잊는 것이다. 그러면 홀로코스트가 다시 일어나고 말 것이다."라고 쓰여 있다.

---

* 특정 집단을 절멸시키려는 행위.

네덜란드 전쟁연구소 전경
(출처: 위키피디아)

국가	네덜란드 (IndonesiaNetherlands)
등재연도	2009년
외국어 표기	Diaries of Anne Frank
소장 및 관리기관	네덜란드 전쟁기록연구소 (Nederlands Instituut voor Oorlogsdocumentatie)
홈페이지 주소	https://www.niod.nl/en
언택트 활용	가능

🖥 언택트 활용방법

niod 홈페이지 1

① https://www.niod.nl/en에 접속한다.
② Collecties를 클릭한다.

niod 홈페이지 2

③ Search in the NIOD archives를 클릭한다.

niod 홈페이지 3

niod 홈페이지 4

④ 검색 창에 Anne Frank를 검색한다.

niod 홈페이지 5

⑤ Anne Frank 기록을 감상한다.

안네 프랑크의 집(Anne Frank House)

 네덜란드 암스테르담에 있는 박물관으로 안네 프랑크가 숨어 살았던 집이다. 안네가 있었던 다락방 및 안네의 일기, 사진 등이 그대로 보존되어 있다. 안네 프랑크 재단이 관리·운영을 하고 있다. 독일의 나치군 학살에 관한 자료와 사진 등을 전시하고 있는 자료관도 있다.

안네 프랑크의 집 건물
(출처: 안네의 집)

 이 건물은 1635년에 지어졌고 전쟁이 끝난 후 1960년에 정비하여 「안네 프랑크의 집」으로 개관하여 일반인에게 공개하고 있다. 안네 프랑크 가족들이 칩거하였던 곳의 입구를 숨긴 회전식의 책장, 안네의 일기를 쓴 지붕 밑의 방도 있어 전쟁의 비참함이 그대로 전해진다. 연간 약 100만 명이 방문하고 있지만 최근에는 코로나19로 방문을 할 수 없다. 하지만 공식 홈페이지에 방문하면 안네 프랑크가 살

왔던 건물 안을 직접 볼 수 있다.

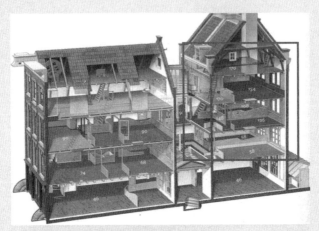

안네 프랑크의 집 칩거 위치
(출처: 안네의 집)

공식홈페이지: https://www.annefrank.org/en/

안네 프랑크의 집 홈페이지 1

Online visits

→ **Anne Frank video diary**
Videos about Anne Frank: her life, her diary, and the Secret Annex.
The Anne Frank video diary will air on YouTube in fifteen episodes.
All characters, locations, and events in the series are based on
Anne Frank's diary letters.

→ **The Secret Annex Online**
Look around and discover the Secret Annex: the place where
Anne Frank lived in hiding for more than 2 years during WWII, and
where she wrote her diary.

→ **The Secret Annex in Virtual Reality**
Explore the hiding place of Anne Frank and her family in virtual
reality with the free 'Anne Frank House VR' app.

→ **The home of the Frank family in 360 degrees**
Look around the house where Anne Frank and her family lived
before they went into hiding in the Secret Annex.

→ **The life story of Anne Frank in 20 languages**
View the Google Arts & Culture exhibition 'Anne Frank: Her life, her
diary, her legacy', told in 20 languages.

안네 프랑크의 집 홈페이지 2

안네 프랑크의 집 홈페이지 3

이스라엘

~~~

증언의 페이지 컬렉션(2013), 야드바셈

독일의 나치군은 유대인들의 인종 청소라는 명목 아래 1941년부터 1945년까지 조직적 제노사이드를 자행했다. 유대인 민간인과 포로들을 가스실, 총살, 강제 노동, 생체실험 등의 방법으로 600만 명이 홀로코스트를 당했다. 과학 기술의 발전과 이로 인한 인간의 폭력성, 잔인성, 배타성, 광기로 이들은 희생되었다. 홀로코스트의 희생자들은 이름도 없이 숫자로 불려졌다. 이스라엘에서는 무구한 희생을 추모하기 위한 공간으로 1958년 '야드바셈'을 설립하였다.

증언의 페이지 1
(출처: 야드바셈)

증언의 페이지 2
(출처: 야드바셈)

증언의 페이지 3
(출처: 야드바셈)

    희생자들을 위한 추모를 위해 숫자 대신 이름을 되돌려 주고자 하였다. 특히 야드바셈의 기념관 내의 증언의 페이지 컬렉션에는 1954년부터 2004년 사이 희생자들의 가족 등이 채워 나간 '증언의 양식'을 통해 200만 명의 희생자들을 한 사람의 인간으로 기억시키고 있다. '증언의 양식'에는 유대인들의 이름, 생일, 출생지, 가족관계, 직업, 사망일과 장소 등이 기재되어 있다. 즉, 홀로코스트의 희생자의 개인의 정체성과 집단기억을 후대의 망각으로부터 회복시키고 있다. 야드바셈의 증언의 페이지 컬렉션은 홀로코스트로 일상이 파괴된 유대인들의 정체성과 집단기억을 되살릴 수 있는 소중한 기록이다.

야드바셈 아키비스트
(출처: 야드바셈)

야드바셈 자료보관
(출처: 야드바셈)

국가	이스라엘 (Israel)
등재연도	2013년
외국어 표기	Pages of Testimony Collection, 1954-2004
소장 및 관리기관	야드바셈 (Yad Vashem)
홈페이지 주소	https://www.yadvashem.org/
언택트 활용	가능

💻 **언택트 활용방법**

야드바셈 홈페이지

① https://www.yadvashem.org/에 접속한다.

② Digital Collections에서 검색한다.

📽 **기록유산을 이해하기 위해 함께 보면 좋은 영화**

「인생은 아름다워」(드라마, 이탈리아, 116분, 1999. 3. 6. 개봉, 로베르토 베니니 감독)

　- 유대인들의 참혹했던 시절을 희화화시켜 감동을 주는 영화

중국

난징 대학살 기록물(2015), 중앙기록보관소 등

지금까지는 유럽 독일의 나치군에 관한 참혹함과 만행 그리고 전쟁으로 인한 민족의 아픔과 집단기억에 대한 기록유산을 살펴보았다면 또 하나의 제국주의 국가이자 전범 국가이었던 일본의 만행에 대한 중국인들의 슬픈 기억에 대한 기록유산을 살펴보기로 한다.

만주국 수립부터 난징대학살까지의 일본의 행보

1910년 일본은 제국주의 야욕을 실현하기 위해 대한제국을 강제로 병합하였다. 1931년 9월 18일, 일본이 관할하고 있던 남만주 철로 부근에서 일본의 자작극으로 폭발 사건이 발생하는데, 이때 중국이 공격했다는 이유로 순식간에 만주를 점령한다. 이에 중국은 국제연맹에 일본군의 만주 침략에 대해 제소하였고 국제연맹은 일본을 침략국으로 비난하고 일본에게 만주에서 철수할 것을 권한다. 하지만 일본은 1933년 3월에 국제연맹을 탈퇴하고 본격적인 파시즘 체제로 전환하였다. 일본은 베이징과 톈진, 상하이를 거쳐 수도 난징까지 진격하게 된다. 1937년 12월 13일, 난징시가 저항 없이 투항하였음에도 일본은 6주에 걸쳐 난징 시민들을 무차별 학살하였다.

난징 대학살 기념관 1
(출처: 난징 대학살 기념관)

난징 대학살 기념관 2
(출처: 난징 대학살 기념관)

　이때, 일본군이 촬영한 사진, 미국인 선교사 존 매기(John Gillespie Magee, 1884~1953)의 다큐멘터리 영상, 난징 국제안전지대에서 봉사했던 중국인 여성 청루이팡(程瑞芳, 1875~1969)의 일기(중국판『안네 프랑크의 일기』) 등의 난징 대학살 기록물 컬렉션은 1937년 12월 13일부터 1938년 3월 1일까지 일본 군대가 난징에서 저지른 대학살·강간·방화·약탈 등의 범죄 행위에 대한 상세한 기록이다. 이뿐만 아니라 당시 난징에 체류 중이던 외국인, 기자나 시민들이 기록한 난징안전지대(南京安全区)의 파일 등도 포함되어 있다. 전쟁이 끝난 후 미국·영국·프랑스·소련·중국을 포함한 11개국이 조직한 극동국제군사재판과 난징전범재판에서 난징 대학살을 저지른 전범들에 대한 특별재판을 진행하였는데 당시 재판 기록도 포함하고 있다. 난징 대학살 기록 컬렉션은 국제사회를 향해 일본군의 만행을 강력하게 알리고 전 세계인들에게 전쟁의 잔학상을 잘 이해하도록 돕고 있다.

국가	중국 (China)
등재연도	2015년
외국어 표기	Documents of Nanjing Massacre
소장 및 관리기관	중앙기록보관소(中央档案馆), 중국 제2역사 기록보관소(中国第二历史档案馆), 랴오닝성 기록보관소(辽宁省档案馆), 지린성 기록보관소(吉林省档案馆), 상하이 시립 기록보관소(上海市档案馆), 난징 시립 기록보관소(南京市档案馆), 난징 대학살 기념관(侵华日军南京大屠杀遇难同胞纪念馆)
홈페이지 주소	https://www.saac.gov.cn(중앙기록보관소) https://yuyue.19371213.com.cn(난징 대학살 기념 전시관) 등
언택트 활용	불가능

난징 대학살 기념 전시관 홈페이지

중앙기록보관소 홈페이지

일본을 대하는 우리의 자세

일본은 중국에서 발생한 사건을 '난징 사건'이라고 축소하고 있다. 우리나라와도 역사적으로 부딪히는 사건도 많이 있다. 과거의 명백한 자료가 있어도 반성하지 않는 일본은 독일과는 대조적이라고 할 수 있다. 왜 일본은 독일처럼 사과를 안 할까? 제2차 세계대전 이후 독일은 나치 정권이 물러나고 집권당이 바뀌었다. 일본은 '만년 집권당'인 자민당이 자신들의 치부를 숨기기에 급급하고 있다. 우리는 정당했고 평화를 위해 싸웠으며 일본 우리야말로 핵을 맞은 피해국이라고 일본은 주장하고 있다.

일본이 사과를 안 하니까 우리는 같이 잊어야 하는가? 일본군 위안부로 끌려갔던 할머니들의 눈물이 아직 마르지 않았는데. 일본에 진정성 있는 사과와 배상을 요구할 권리가 있다. 우리는 후손이니까 또한 그게 우리가 해야 할 일이다.

동시에 일본은 우리가 손잡고 나아가야 할 아시아 파트너국 중 하나다. 일본 전후 세대들은 교과서에 없는 배우지 않은 과거사에 대해 사과를 안 하는 것을 모른다.

우리는 역사와 경제가 병행할 수 있도록 해야 한다. 일본에 사과와 배상을 요구해야 하며, 역사적인 접근 방식과 우리나라의 경제 발전 문화 교류라는 우리 국익을 위한 노력이 동시에 필요하다.

중국, 한국도 이 아픈 역사를 절대로 잊지 말고 꼭 기억해서 다시 반복되지 않도록 노력해야 한다. 중국인 일본군 '위안부' 피해 여성은 약 20만 명으로 추정된다. 2021년 6월 기준, 일본군 '위안부' 할머니는 14명이 살아 계신다.

🎬 **기록유산을 이해하기 위해 함께 보면 좋은 영화**

「진링의 13소녀」(전쟁, 중국·홍콩, 146분, 2013. 11. 14. 개봉, 장이머우 감독)

- 미니보트린의 일기에 영감을 받아 쓴 옌거링의 동명소설 『진링의 13소녀』를 각색한 영화.

- 사람이 얼마나 잔혹하게 변할 수 있는지 보여 주는 영화.

5

현재를
기록하지 않으면
역사는 없다

　다섯 명으로 구성된 하버드 대학교 연구팀은 현재 순간을 담은 '타임캡슐'을 만들어 사람의 심리에 관해 연구를 진행하였다. 타임캡슐에는 최근 가십거리, 최근 길거리 사진, 최근 노래, 최근 유행어 등을 넣었다. 몇 달 뒤, 타임캡슐을 열었을 때 연구에 참여한 사람들은 대수롭지 않았던 지난 과거의 가십거리, 길거리 사진, 노래, 유행어 등이 시간이 지난 후에 사실이나 사람의 심리가 변화되어 흥미를 느낄 수 있는 사실을 알게 되었다.

　연구진은 "현재의 평범한 순간도 기록하면 미래를 위한 '현재'로 만들 수 있다."라는 연구 결과를 도출하였다.

필리핀

마누엘 L 케손 대통령의 문헌(2011), 필리핀 국립마닐라도서관

필리핀도 우리나라와 마찬가지로 제국주의 시대의 식민지 피해 국가이다. 1898년~1946년까지 미국의 식민지였는데 이때 마누엘 루이스 케손(Manuel Luis Quezon, 1878. 8. 19.~1944. 8. 1.)은 필리핀에서 영향력이 큰 지도자였다. 1899년 케손은 3년간 미국을 상대로 한 독립전쟁의 장교로 활동하고 타야바스 시의원과 주지사 등으로 정치생활을 시작하였다. 이후 마누엘 케손은 1909년부터 1916년까지 미국 하원의 필리핀 상주 대표를 역임한 뒤 1935년까지 필리핀 입법부 상원 초대 의장이 된 뒤 필리핀 초대 대통령으로 선출되었다. 이후 케손은 1942년 워싱턴에서 필리핀

케손 대통령
(출처: 위키피디아)

망명 정부를 수립하고 1944년에 폐결핵으로 사망하였다. 케손이 사망할
때까지 미국의 식민지였던 필리핀은 1946년에 독립하게 된다.

케손 대통령의 1942년 1월 28일 성명서
(출처: 위키피디아)

이렇게 마누엘 케손은 필리핀 독립을 위해 평생 헌신하며 필리핀의 역사를 남기기 위해 정치·외교적 상황을 고려하여 기록을 하였고 동시대인들에게 많은 영향력을 끼쳤다. '정의의 아버지'라고 불리던 마누엘 케손의 기록은 필리핀 공식 기록으로 인정되었다.

1942년, 필리핀의 수도 마닐라가 일본의 강제점령으로 인해 상당수의 문헌이 미국으로 이송되었는데, 이때 멸실·훼손이 많이 되었지만 20세기 초 필리핀의 역사를 연구하는 데 소중한 자료가 되고 있다.

제2차 세계대전과 일본의 강제점령 시대의 필리핀의 역사뿐만 아니라 동남아시아 및 동아시아의 역사, 미국의 역사, 제국주의 시대의 유럽을 배경으로 한 필리핀 역사를 담고 있는 중요한 정보원천인 것이다. 마누

국립마닐라도서관 전경
(출처: 위키피디아)

엘 케손이 평생 기록을 남기지 않았다면 20세기 초 필리핀의 역사는 사라지고 말았을 것이다.

마누엘 L 케손 대통령의 문헌은 현재 필리핀 국립마닐라도서관에 보관되어 있다.

국가	필리핀 (Philippines)
등재연도	2011년
외국어 표기	Presidential Papers of Manuel L. Quezon
소장 및 관리기관	필리핀 국립마닐라도서관, 미시간대학교, 벤틀리역사도서관, 필리핀대학교, 호르헤 B. 바르가스(Jorge B. Vargas) 박물관, 필리핀 연구소, 필리핀 상원, 필리핀공화국 하원
홈페이지 주소	http://web.nlp.gov.ph/nlp/ http://www.elib.gov.ph/
언택트 활용	불가능

국립마닐라도서관 홈페이지

필리핀 e 라이브러리 홈페이지

포르투갈

~~~~~~

보르도 주재 포루투칼 영사 아리스티드스 드 소자멘드스가
발급한 비자등록부(2017), 외교부 소속 외교연구소

제2차 세계대전 중, 유럽인들은 독일의 나치군을 피해 스페인이나 포르
투갈로 피난길에 나섰다. 하지만 1939년부터 포르투갈 정부는 난민의 입
국을 금지했고 외교부(MFA)에서 모든 비자 허가를 받아야 했다. 프랑스
를 탈출한 수천 명의 난민들이 보르도 주재 포르투갈 영사관 앞으로 모여
들었다. 포르투갈 영사 아리스티드스 드 소자 멘드스(Aristides de Sousa
Mendes, 1885~1954)는 정부의 명을 어기고 프랑스를 탈출하려는 사람들
을 위해 직권으로 국경 입국을 허가하였다. 영사가 극적이고 긴박한 전쟁
상황에서 국적과 인종을 차별하지 않고 인류애를 발휘하여 국가 업무를
처리한 유일한 기록이라는 점에서 세계적으로 중요하고 특별하다. 아리
스티드스 드 소자 멘드스가 총 몇 건의 비자를 발급했는지 정확하게 알 수
없지만 3만여 건 이상 기록이 남아 있다. 한 개인이 발행한 비자의 수로는
굉장한 양이며 많은 사람들을 구할 수 있었다.

아리스티데스 드 소우자 멘데스 외교관(좌), 그가 1940년 발행한 비자(우)
(출처: 위키피디아)

　보르도 지역과 같은 관할하에 있던 바욘(Bayonne)이나 앙다이(Hendaye)
주재 영사관에서 작성한 비자 발급 기록은 존재하지 않는다. 보르도 지역
의 비자등록부가 보존되어 관리되고 있기 때문에 전쟁으로 사라질 뻔한
인간의 기억과 그들의 이야기 등 당시 역사가 사라지지 않을 수 있었다.

　비자등록부는 현재 포루투칼 외교연구소에서 보관하고 있다.

국가	포르투갈 (Portugal)
등재연도	2017년
외국어 표기	Register Books of visas granted by Portuguese Consul in Bordeaux, Aristides Sousa Mendes(1939-1940)
소장 및 관리기관	외교부 소속 외교연구소 (Instituto Diplomático do Ministério dos Negócios Estrangeiros)
홈페이지 주소	https://idi.mne.gov.pt/pt/
언택트 활용	불가능

외교부 소속 외교연구소 홈페이지 1

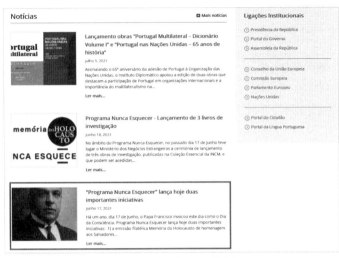

외교부 소속 외교연구소 홈페이지 2

🎬 **기록유산을 이해하기 위해 함께 보면 좋은 영화**

「쉰들러 리스트」(드라마, 미국, 196분, 1994. 3. 5. 개봉, 스티븐 스필버그 감독)

- 상부의 지시대로 옳고 그름을 생각지 않고 악행을 저지르는 독일의 나치군, 그들이 보여 주는 악의 평범성.
- 반대로 그저 기회주의자 사업가였던 오스카 쉰들러가 전 재산을 팔아 유대인의 생명을 구하는 선의 평범성.
- 우리들 누구라도 역사의 주인공이 된다면 선의 평범성을 따르리라 믿습니다.
- 그리고 나도 모르게 악의 평범성을 좇아 살고 있지는 않은지 점검해 봅시다.

악의 평범성

미국 정치철학자 '한나 아렌트(Hannah Arendt)'가 집필한 『예루살렘의 아이히만』에 나오는 구절에서 유래하였다. 이 책은 독일 나치군의 전범 아돌프 아이히만(Karl Adolf Eichmann)의 재판 과정을 담은 책이다.

1960년 5월 11일, 아이히만이 아르헨티나에서 체포되었을 당시 사람들은 사나운 폭도라 추측하였다. 그러나 반대로 이웃집 아저씨처럼 평범하고 가정적인 사람이라는 것에 충격을 받았다.

아이히만은 상급자의 지시를 가장 효율적으로 해결하는 직원이었다. 제2차 세계대전 당시 유대인의 재산을 효율적으로 몰수하여 추방하고 강제수용소로 대규모의 인력을 효율적으로 보내기 위해 수송열차를 고안하여 효율적으로 죽이기 위해 가스실을 만들었다.

1961년 4월 11일, 재판 당시 아이히만은 "유대인을 죽이는 일에는 아무런 관계가 없고 나는 직무를 성실히 수행한 것"이라고 증언하고 무죄를 주장하였다.

당시 재판장면을 지켜보던 아렌트는 '제대로 된 비판 정신 없이 상부의 명령에 맹종하면 안 되며 비판을 통해 자신의 행동이 어떠한 영향을 미칠지 생각한 후 행동에 옮겨야 한다. 역사 속의 악행은 광신자나 반사회성 사람이 아니라 국가에 순응하며 자신들의 행동을 보통이라고 여기게 되는 평범한 사람들에 의해 행해진다.'라고 주장하였다.

우리 사회에서 볼 수 있는 악의 평범성은?

아동학대 사망 사건, 유치원 아동 폭력행위, 중고교생 집단폭력 사건 등이 끊이지 않고 있다. 폭력이라는 행위에 특별하게 자각하지 않고 '평범한 일'로 여기고 있기 때문이 아닐까?

마지막으로 세월호 사건에서도 악의 평범성을 찾을 수 있는데, 현장에 출동한 해경들 중 상급자와 통화를 하며 상부 지시대로 인원수만 체크하는 등 학생들을 직접 구하기보단 부가적인 일을 수행하는 사람들이 있었다.

악으로 가득 차 가는 세상 속에서 자신의 행동을 제대로 인식하고, 만약 옳지 않은 자세라면 고치고 선한 행동을 해야 한다.

6

기록의
상대성원리

　사람들은 기록을 단순하게 물질이라 생각한다. 고대에는 기록을 돌에다가 남겼고 시간이 지나면서 점토나 종이에 남겼다. 현재에는 컴퓨터나 전자기기에 남기며, 이처럼 어떤 형태로 만들어지는 것이 기록이다. 하지만 기록을 구성하는 재료를 가지고 그 기록을 완전히 설명했다고 할 수 있을까? 기록의 진정한 의미는 사람과 사람들 간의 관계 속에서 완성된다. 나와는 동떨어진 것으로 여겨 단순하게 기록을 이해하려고 하면 우리는 기록의 진정한 의미를 알 수 없다.

　같은 시기의 전쟁과 사건을 겪고도 생산되는 기록물을 살펴보면 전쟁의 피해 정도에 따라 사회나 민족을 결속하거나 슬픈 감정을 남겨 후대에 인류애를 느끼게 하여 그 기억을 잊지 않도록 한다. 하지만 역사는 승자의 기록이라고 하는 유명한 말이 있듯이 전쟁의 승리국이라는 내용으로만 치우쳐 기록을 남긴다든지, 자기들이 전쟁에 패한 피해 내용만으로 치우쳐서 기록을 남긴다면 같은 내용의 사건이지만 후대에 받아들이는 사람들에게 다른 기록이 된다. 기록의 의미는 후대에 결정되기 때문에 사람과의 관계를 배제하고 그 기록을 이해하거나 평가하기가 어렵다. 이는 마치 아인슈타인의 상대성이론 전에는 시간과 공간이 서로 다른 별개라고 생각했다가 상대성 이론 이후에는 시간과 공간을 연결시켜 '시공간'이라는 개념으로 세상을 바라보게 된 것과 비슷하다. 기록과 사람도 마찬가지다. 기록과 사람은 별개의 존재가 아니고 서로 연결되어 상호 영향을 받으면서 의미가 만들어지고 있다.

폴란드

~~~~~~~~

바르샤바 재건립 기록물(2011), 바르샤바 국가기록보관소

폴란드의 수도는 1596년 지그문트 3세 왕에 의해 왕실 궁전이 크라쿠프에서 바르샤바로 옮겨진 후 '북부의 파리'로 불리며 유럽을 대표하는 아름다운 도시로 명성을 떨쳤다. 그러나 1939년 제2차 세계대전 독일군의 침공 이후 수도가 붕괴되기 시작하여 '바르샤바 봉기' 이후에는 계획적으로 파괴되었다. 교회와 유적지들이 무너지고 내부의 물건들도 약탈당했다. 통계에 따르면 바르샤바 전체 건물의 84%가 파괴되었고 130만 명이었던 인구 중 65만 명이 사망한 것으로 나타난다.

바르샤바 시민들은 제2차 세계대전 직후 파괴된 도시 전체를 박물관으로 보존하고 수도를 다른 장소로 이전할 것인지, 아니면 '벽돌 한 장까지' 재건할 것인지를 선택해야 했다. 바르샤바의 건축가, 보존 전문가, 예술가, 노동자들은 1945년부터 1953년까지 힘을 모아 수도 재건립을 결정하

고 진행하였다. 이는 강대국의 전쟁 이념과 정치적 이유 때문에 도시가 파괴된 후 다시 재생시킨 결과라는 상징이 되었다.

폴란드의 수도 바르샤바의 국가기록보관소에 소장된 '바르샤바 재건립 기록물'은 붕괴된 도시와 재건립에 관한 것이다. 바르샤바 재건립, 바르샤바 재건립 이사회, 바르샤바 재건립 사무실, 수도 보존 사무실 등의 기록 컬렉션으로 이루어져 있다. 1945년 2월 14일, 바르샤바 도시에 대한 개념을 구상하고 재건을 위해 수립된 바르샤바 재건립 사무실의 운영 결과와 폴란드 건축가들이 작성한 목록, 독일 당국에서 작성한 문서들이 있다.

과거의 영광을 유지하고 제2차 세계대전이 초래한 결과를 극복하는 과정을 얼마나 긍정적으로 처리하였는지에 대해 증언하고 있고 특히 '시간, 장소, 사회적 중요성'이라는 기준의 고유성을 가진다. 재건립 사업의 범위와 규모, 재건립을 통한 도시 신뢰성, 그리고 전쟁 이후 주권을 되찾지 못하고 제국주의의 세뇌에 복종해야만 했던 폴란드인들의 문화 및 민족적 정체성 회복의 의미에서도 특별함을 지닌다.

대부분의 사람들은 전쟁의 경과나 현황에 초점을 맞춘 기록을 살피고 역사를 배웠다. 하지만 폴란드의 바르샤바 재건립 기록유산을 통해 처참하게 부서진 도시의 피해 복구에 힘을 쓰고 과거의 화려한 역사를 잇기 위한 민족기억을 남기기 위해 노력하였다는 점에서 기록이 가지는 '눈에는 보이지 않는 가치'를 엿볼 수 있다.

국가	폴란드 (Poland)
등재연도	2011년
외국어 표기	Archive of Warsaw Reconstruction Office (BOS Archive)
소장 및 관리기관	폴란드 바르샤바 국립기록보관소
홈페이지 주소	https://www.warszawa.ap.gov.pl/
언택트 활용	가능

🖳 **언택트 활용 방법**

바르샤바 국립기록보관소 홈페이지 1

① https://www.warszawa.ap.gov.pl/에 접속한다.
② ENGLISH - Records online을 클릭한다.

바르샤바 국립기록보관소 홈페이지 2

③ 스크롤을 아래로 내려 'Search Archives'를 클릭한다.

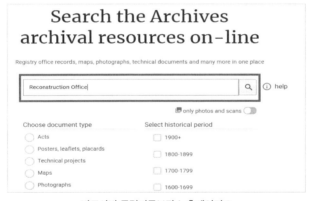

바르샤바 국립기록보관소 홈페이지 3

④ 검색란에 'Reconstruction Office'를 입력한다.

바르샤바 국립기록보관소 홈페이지 4

⑤ 3건의 기록이 검색이 되는데 그중 "War atrocities" 전쟁 잔학 행위 컬렉션을
검색한다.

🎬 기록유산을 이해하기 위해 함께 보면 좋은 영화

「제이콥의 거짓말」(코미디, 프랑스·미국·헝가리, 114분, 2000. 9. 23. 개봉, 피터
카소비츠 감독)

- 붕괴된 바르샤바 도시를 재현하였다.

- 척박한 상황에서 낙관적인 태도와 이겨 낼 수 있는 희망을 엿볼 수 있다.

일본

〰〰〰

「마이즈루 항으로의 귀환, 일본인 억류 및 송환에 관한 문서」
(2015), 마이즈루 히키아게 키넨칸(마이즈루 송환 기념관)

1945년, 제국주의의 식민지였던 많은 나라들은 광복의 기쁨을 맞이하지만 제2차 세계대전의 패전국이었던 일본은 굉장히 암울한 시간을 보내게 된다.

전쟁의 패배로 약 80만 명으로 추산되는 일본 군인과 민간인들이 고향으로 돌아오지 못하고 소비에트연방사회주의공화국(USSR)의 강제노동수용소에 억류되어 있었다.

마이즈루 히키아게 키넨칸(舞鶴引揚記念館, 마이즈루 송환 기념관)은 1945년부터 1956년까지 강제노동수용소에 있었던 억류자 및 생존자의 귀국과 관련된 고유하고 방대한 자료 컬렉션을 소장하고 있다. 억류자들의 일기·그림·시 등은 인간의 고난과 절망, 삶에 대한 열정, 가족에 대한 사랑, 귀국에 대한 소망과 같은 인류가 느끼는 보편적인 감정을 주제로 다루

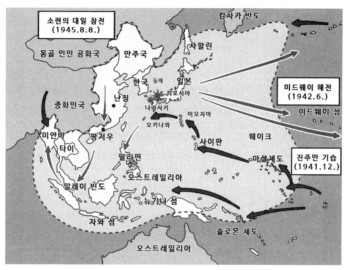

제2차 세계대전 아시아전선(1941~1945, 태평양전쟁 전개)

고 있다. 억류된 가족의 송환을 기다리며 가족에 대한 여러 생각을 담은 글과 일본인들의 기록도 있다. 전쟁의 역경 속에서도 공식적인 정부의 기록이 없는 상태이기 때문에 매우 희귀하고 인류애를 지키고자 한 개인의 진정성이 담겨 있어 보존가치가 높다.

하지만 이 기록유산은 일본인들의 입장에서 바라본 전쟁을 기록한 것으로 같은 시기, 전쟁을 겪은 일본의 식민지 국가들에 대한 배려와 반성은 전혀 없다. 도대체 누굴 위한 전쟁이며, 본인들이 일으킨 전쟁인데 자신들만 힘들었다고 말한다. 정말 그들은 억류되었던 고통을 기억하고 기록으로 남기면서 다시는 전쟁을 하지 않으리라 맹세한 것일까?

국가	일본 (Japan)
등재연도	2015년
외국어 표기	Return to Maizuru Port—Documents Related to the Internment and Repatriation Experiences of Japanese
소장 및 관리기관	마이즈루 히키아게 키넨칸 (舞鶴引揚記念館, 마이즈루 송환 기념관)
홈페이지 주소	https://m-hikiage-museum.jp/
언택트 활용	가능

🖥 언택트 활용 방법

마이즈루 히키아게 키넨칸 홈페이지 1

① https://m-hikiage-museum.jp/에 접속한다.

② 平和學習(평화학습)을 클릭한다.

마이즈루 히키아게 키넨칸 홈페이지 2

③ 스크롤을 아래로 내린다.

마이즈루 히키아게 키넨칸 홈페이지 3

④ 기록을 살펴본다. (구글 번역을 이용하면 좋다.)

🎬 기록유산을 이해하기 위해 함께 보면 좋은 영화

「이 세상의 한구석에」(애니메이션, 일본, 129분, 2017. 11. 16. 개봉, 카타부치 스나오 감독)

- 피해자인 줄 알았던 내가 가해자였다니….
- 전쟁은 생각보다 참혹했고 상처뿐인 결과만 남겼음을 보여 준다.
- 과거를 반복하는 일은 없어야 할 것이다.

폴란드

위르겐 스트루프의 보고서(2017), 국립추모연구소

1943년 봄, 독일군이 유대인 45만 명 이상을 좁은 지역에 강제로 격리했던 게토 지역에서 발생한 '바르샤바 게토 봉기'를 진압한 결과를 기념하기 위해 작성된 '독일의 위르겐 스트루프 장군의 보고서'이다. 즉, 앞서 살펴보았던 '바르샤바 게토 지역의 에마누엘 린겔블룸 기록물'같이 피해자의 관점이 아닌 범죄적 전체주의가 승리했던 순간을 증언하는 독보적인 사료이다.

이 보고서로 인해 독일 전체주의의 힘을 보여 주려고 했던 의도와 달리 뉘렌베르그 전쟁범죄 재판(1945~1949)에서 피해자였던 유대인을 잔인하게 죽이고 어떻게 가학하였는지에 대한 범죄 행위의 증거로 이용되었다.

겉으로 보아서는 유대인 학살에 관해 보고한 독일의 다른 보고서들과 별반 달라 보이지 않는 공문서이다. 감정이 배제된 나치의 용어를 사용해 대학살을 진행하였으며, 상부에 보고를 위해 통계를 내고 정보를 제공함으로써 관련된 유대인 학살을 단순한 결과로 다루고 있다. 하지만 게토 봉기의 진압 작전 보고서의 내용을 심층 분석해 보면 독일군은 유대인들을 전쟁의 주적이자 위협요소라고 작성하고 희생자들을 무자비하게 진압하는 독일군에 관해서는 걱정하는 반면 강제 진압을 하는 모습에는 자부심을 느끼는 등 인류적으로 상대적인 모습을 보이고 있다.

위르겐 스트루프
(출처: 국립추모연구소)

위르겐 스트루프 보고서 표지
(출처: 국립추모연구소)

이 기록유산의 특징으로는 애초에 본인들이 보고서를 작성한 의도와는 달리 향후 후대의 평가에서는 부메랑이 되어 돌아오게 된 기록이다. 또한

제2차 세계대전 당시 특정 장소와 인종에 관련된 것이지만, 인간이 저지른 만행을 잊지 않아야 한다는 것과, 스스로 인간의 존엄성과 권리를 지키고자 투쟁한 사람들의 인류애를 기억해야 한다는 의미를 가진 '눈에는 보이지 않는 보편적인 가치'를 지니고 있다.

국가	폴란드 (Poland)
등재연도	2017년
외국어 표기	Jürgen Stroop's Report
소장 및 관리기관	국립추모연구소 (The Institute of National Remembrance) - 폴란드 국가 범죄 기소 위원회 (Commission for the Prosecution of Crimes against the Polish Nation)
홈페이지 주소	https://ipn.gov.pl/en/
언택트 활용	가능

바르샤바 게토의 봉기를 진압한 SS사령관 위르겐 스트루프, 1943년 4월 19일
(출처: 국립추모연구소)

바르샤바 게토 폭동 진압 중인 독일의 나치군
(출처: 국립추모연구소)

🖥️ 언택트 활용 방법

국립추모연구소 홈페이지 1

① https://ipn.gov.pl/en/에 접속한다.
② 검색칸을 클릭한다.

국립추모연구소 홈페이지 2

③ Jürgen Stroop's Report을 검색한다.

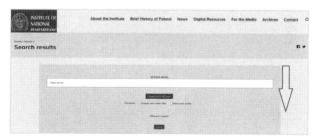

국립추모연구소 홈페이지 3

④ 스크롤을 내린다.

국립추모연구소 홈페이지 4

⑤ 기록을 살펴본다. (구글 번역을 이용하면 좋다.)

독일

———〰〰〰———

「프랑크푸르트 아우슈비츠 재판」(2017), 헤센주 중앙기록보관소

　　제2차 세계대전을 일으킨 히틀러는 1945년 4월 30일 베를린이 함락되기 직전에 자살하게 된다. 이후 독일은 전쟁의 가해자 중 일부는 이전에 살펴본 뉘른베르크 재판을 비롯하여 전후에 열린 재판들에서 유죄판결을 받았지만 홀로코스트에 대한 가해자들의 재판은 18년 후에 열리게 된다. 1963년부터 1965년까지 183일 동안 심리가 진행된「프랑크푸르트 아우슈비츠 재판」에서 독일이 인종이나 이념, 정치적 이유로 체계적인 학살의 사실이 세상에 알려지게 되었다.

　　총 454권의 파일로 구성된 재판기록은 319명의 증인(아우슈비츠-비르케나우 강제수용소의 생존자 181명과 수용소 직원 80명 등 포함)이 진술한 430분 분량의 증언이 녹음된 103개의 녹음테이프가 포함되어 있다.

본래는 재판을 하는 도중에 증인의 기억을 되살리기 위한 보조장치용으로 녹음되었던 이 기록들인데 현재에 와서 더욱 고유하고 가치 있는 기록물로 인정되고 있다. 그 이유는 아우슈비츠의 마지막 생존자들이 시간이 지남에 따라 더 이상 독일의 나치 정권의 박해에 대해 증언할 수 없기 때문이다. 왠지 지금 우리나라의 일제강점기 당시 위안부 피해 할머니들이 14명*만 생존해 계신 것처럼 안타까운 상황이다.

재판을 진행하면서 홀로코스트 희생자들은 종전 후 20년 만에 처음으로 독일의 가해자들과 대면했다. 때문에 이 기록물에는 상상하기 어려운 감정들이 표현되어 있다. 절대로 잊어서는 안 될 인류 역사상 유일무이한 범죄 행위에 대한 진정한 기록을 담은 이 자료는 '눈에는 보이지 않는 법률적·사회적·역사적 가치'를 지니고 있다. 이 재판으로 아우슈비츠 강제수용소에서의 홀로코스트에 관한 기억은 법정에서 제시된 증거와 기록을 토대로 세계적으로 가장 유명한 집단기억이 되었다.

「프랑크푸르트 아우슈비츠 재판」 기록은 독일의 헤센 주 중앙기록보관소에 보관되어 있다.

---

* 2021년 6월 기준.

국가	독일 (Germany)
등재연도	2017년
외국어 표기	Frankfurt Auschwitz Trial
소장 및 관리기관	헤센 주 중앙기록보관소 (Hessisches Hauptstaatsarchiv)
홈페이지 주소	https://landesarchiv.hessen.de/
언택트 활용	가능

💻 **언택트 활용 방법**

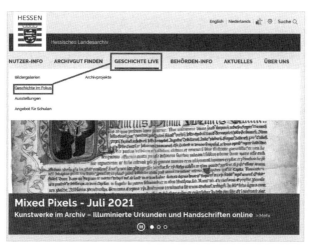

헤센 주 중앙기록보관소 홈페이지 1

① https://landesarchiv.hessen.de/에 접속한다.

② GESCHICHTE LIVE – Geschichte im Fokus를 클릭한다.

헤센 주 중앙기록보관소 홈페이지 2

③ 'Auschwitz-prozess/Weltdokumentenerbe'를 클릭한다.

④ 스크롤을 내린다.

헤센 주 중앙기록보관소 홈페이지 3

⑤ http://www.auschwitz-trial-frankfurthessen.de/ 링크를 클릭한다.

헤센 주 중앙기록보관소 홈페이지 4

⑥ 'click to proceed'를 클릭한다.

헤센 주 중앙기록보관소 홈페이지 5

⑦ The 1st Frankfurt Auschwitz Trial을 클릭하여 재판현황을 볼 수 있다.

⑧ The records of the 1st Frankfurt를 클릭하면 각종 기록과 음성을 들어 볼 수 있다.

7

기억을 기록해야
하는 이유

이 책에서는 소개가 되어 있지 않지만 유네스코 세계기록유산에는 민중이 절대 왕정 시대를 넘어 민중의 자유를 옹호하는 근대 사회로 변모하는 계기가 된 영국의 「대헌장(Magna Carta)」, 500년 왕조의 일거수일투족을 상세하게 담은 『조선왕조실록』, 그리고 책에서 소개된 독일의 나치군과 관련된 잔인한 학살과 인권 유린을 전 세계에 알린 『안네 프랑크의 일기』 등이 포함되어 있다. 이런 과거의 유산처럼 누구나 떠올릴 만한 세계적인 기록유산 외에도, 기록유산의 범위는 그림이나 지도, 음악 등의 비문자 자료(non-textual materials)와 모든 종류의 전자 데이터에 이르기까지 대단히 넓다.

그러한 예 중 하나로 지난 2013년 등재된 스위스의 '몽트뢰 재즈 페스티벌 기록물(Montreux Jazz Festival Archives)'을 들 수 있다. 이 기록물에는 무려 5천 시간이 넘는 재즈 연주 실황 녹음과 영상이 포함돼 있는데, 유네스코에서는 "보편적 중요성과 다문화적 측면에서 가치가 크다"고 보고 등재를 결정했다. 또한 전설적 재즈 뮤지션들의 흔치 않은 협연과 자유로운 표현을 보며, 더 많은 사람들이 타문화와 소통하며 특별한 문화적 경험을 갖길 바라는 뜻도 담고 있다.

세계기록유산 등재 목록에는 소송 기록도 있다. 2001년 등재된 호주의 '마보 사건 소송 관련 문서(The Mabo Case Manuscripts)'는 1992년 6월 호주 고등법원이 법적으로 '주인 없는 땅'으로 취급됐던 토지에 대한 원주민들의 소유권을 처음으로 인정한 판결 내용과 그 과정이 담긴 문서다. 유럽인들이 호주 땅에 발을 딛기 훨씬 전부터 살아왔음에도 그저 주인 없는 땅의 유령처럼 여겨졌던 호주 원주민들의 아픔과, 정복과 침략이 반복되던 제국주의의 역사가 이 소송 기록에 담겨 있다. 이에 유네스코는 "(원주민의 인권이) '침략' 문화를 지닌 기본법보다 상위에 있다는 것을 공식적으로 인정했다는 점에서 세계 역사상 극히 드문 사례"로 평가하기도 했다.

또 주목할 만한 기록물로는 2015년에 등재된 우리나라의 'KBS 특별생방송 「이산가족을 찾습니다」 기록물'도 빠질 수 없다. 1983년에 녹화된 비디오테이프 463개(방송 시간 약 453시간 45분)가 포함된 이 기록물은 세계기록유산 목록에 등재된 기록물 중에서는 비교적 최근 기록에 속한다. 한국방송공사에서 관리하는 자료로, 특별히 소실의 위험에 처해 있는 것도 아니다. 하지만 유네스코는 이 자료에 담긴 의미, 특히 평화를 갈구하는 인간의 마음에 호소하는 감동적인 내용에 큰 가치를 매겼다. 즉, 전쟁과 분단의 참상을 실감케 해 주며 평화를 염원하는 보통 사람들의 마음을 가감 없이 드러내 주는 이 영상이 '인류의 기억'으로서 널리 퍼질 때, 전 세계에 평화의 싹을 틔우는 데 역할을 할 수 있다고 본 것이다.

그리고 '5·18 민주화운동 기록물'은 정치군인들이 민주주의를 파괴하고 쿠데타를 벌인 상황 속에서 국민을 지켜야 할 군대가 오히려 국민들에게 총부리를 겨누고 시민들을 희생시켰던 역사적 사실을 남긴 문화유산이다. 당시의 기록물이 많이 남아 있는 상태이지만 신군부 권력자들로부터 시작된 왜곡이 수많은 진상규명 활동에도 완전히 불식되지 않은 상황이다.

5·18 민주화운동 기록물을 통해 국민들의 바른 인식이 우리 사회 민주주의 성숙도를 보여 주는 것이라고 생각한다.

어른이 되어 진실을 찾아보고 진상을 규명하도록 하는 것도 중요하지만 자라나는 우리의 주역들이 그 시대 증인들이 남기고자 했던 기억을 직접 검색해 보고 잊지 않는다면 우리 사회의 민주주의가 더 성숙해질 것이다. 기록 관리가 곧 민주주의이다.

이처럼 세계기록유산은 다양한 형태와 내용을 다루며, 이미 그 자체로 인류가 잘 지키고 후대에 넘겨주어야 할 '기억'으로서 가치를 가지고 있다. 하지만 바로 그러한 이유로, 오늘날 세계기록유산으로 국가 간 마찰이 일어나고 있다.

2015년 '난징 대학살 기록물'의 등재 후 일본이 표출했던 격렬한 반감과 '일본군 위안부 관련 기록물'의 등재 추진을 둘러싼 한국과 일본의 대립 등, 최근 세계기록유산 등재를 둘러싸고 국가와 민족 차원에서 다시금 기억과 망각 사이의 투쟁이 벌어지는 일이 잦아지고 있다.

누군가에게 절대 잊지 못할 기억은 다른 누군가에게는 끝까지 감추고 싶은 기억일 수 있다. 누군가에게 영광의 기록이 다른 누군가에게는 치욕의 증거일 수도 있다.

세계기록유산 등재가 후손들에게 기억을 전해 줘야 하는 근본적인 문제와 국가·세대 간의 문제를 극복해야 하는 모순을 어떻게 해결할 수 있을까?

우리는 제국주의의 피해 국가로서 그리고 민주화운동을 통한 집단기억을 떠올릴 수 있는 기록들을 발굴하여 많이 알려야 한다. 일본에서 벌어진 조선인 관동 대학살 기록, 일제 강점기 시대의 위안부 피해 할머니 기록, 우키시마마루호 침몰사건, 제주4·3사건, 4·19민주혁명, 1987년 6월 항쟁 등 잊지 말아야 하는 역사의 기록.

전체적인 상황을 보지 않으면 계속되는 논쟁….

차근차근 어떤 과정이 있었는지 전체적인 과정을 살펴보고 정리하고 공식화하고 문서화하여 최종적으로는 활용할 줄 알아야만 앞으로 왜곡이 나오지 않는다. 인간이 기록하는 이유는 잘못된 기억이나 망각을 교정하기 위함이다. 우리 인류가 역사 속에서 진화하고 발전한 것도 역시 기록의 힘이라 할 수 있다. 기록의 힘을 활용할 줄 알아야 진정한 민주주의를 실현할 수 있을 것이다.

세계기록유산
100% 활용하기
해외 · 세계대전 편

ⓒ 홍덕용, 2021

초판 1쇄 발행 2021년 10월 12일

지은이	홍덕용
펴낸이	이기봉
편집	좋은땅 편집팀
펴낸곳	도서출판 좋은땅
주소	서울 마포구 성지길 25 보광빌딩 2층
전화	02)374-8616~7
팩스	02)374-8614
이메일	gworldbook@naver.com
홈페이지	www.g-world.co.kr

ISBN   979-11-388-0244-4 (03900)